Nina Andres

Fabelhafte Blechkuchen

Fotografie: Karl Newedel

Bassermann

Inhalt

Die Rezepte

Zum Nachschlagen

Alle mögen Kuchen vom Blech

Ganz besonders, wenn sie nach den verlockenden Rezepten in diesem Buch gebacken werden, die für bunte Abwechslung auf dem Blechkuchenteller sorgen. Ob in quadratische, recht- oder dreieckige Stücke geschnitten, ob mit Sahne, Eis oder Vanillesauce serviert: Diese »Schnitten vom Blech« enttäuschen nie und erfreuen Backbegeisterte, Familien, Freunde und Gäste gleichermaßen.

Besondere Backkönnerschaft ist nicht erforderlich, und der zeitliche Aufwand hält sich fast immer in Grenzen. Die geschmackliche Vielfalt jedoch ist überraschend groß – für jeden ist etwas dabei:
Ob mit Schokolade oder Sahne, mit Obst oder Creme, mit Nüssen oder exotischen Früchten gefüllt oder belegt, ob einfach oder raffiniert – die Resultate können sich sehen lassen und schmecken.

Basis für die aromatischen und raffinierten Blechkuchen in diesem Buch sind knusprige Mürbteige, geschmeidige Quark-Öl- und Rührteige, duftende Hefe- und zarte Biskuitteige. Und die Backlust weckenden Abbildungen zeigen die köstlichen Ergebnisse.

Viel Spaß beim Backen wünscht Ihnen

Nina Andres

Die Zutaten

Gute Resultate erzielt man nur mit besten und frischen Produkten. Hier zu sparen zahlt sich im wahrsten Sinn des Wortes nicht aus, denn die geschmacklichen Ergebnisse sind dabei einfach nicht so, wie sie beim Einsatz hochwertiger Erzeugnisse sein könnten.

Backpulver

Es sorgt für einen lockeren Teig, und die Qualität der Markenprodukte ist immer ausgezeichnet. Ob konventionelles oder Bio-Backpulver, es setzt in Verbindung von Feuchtigkeit mit Wärme einen chemischen Prozess in Gang, der für das »Aufgehen« sorgt. In biologischen Backpulvern wird das Säuerungsmittel durch Weinstein ersetzt.

Butter

Butter bewirkt, dass Teige zum Beispiel besonders mürbe werden. Außerdem sorgt sie für den typischen, sehr beliebten Buttergeschmack.

Eier

Insbesondere dieser unerlässliche Rohstoff fürs Kuchenbacken sollte möglichst frisch verwendet werden. Gebäck wird durch Eier gehaltvoller, durch Eigelb mürber, bekommt eine schöne Farbe und schmeckt besser. Je frischer das Ei, desto besser lässt sich sein Eiweiß steif schlagen, das sowohl geschlagen als auch im Teig verrührt für Lockerung sorgt. Eier sollten zum Backen Raumtemperatur haben.

Gewürze

Sie können Teigen, Belägen und Füllungen mit Gewürzen eine besondere Note verleihen. Allseits bekannt sind Zimt und Vanille, aber auch Kardamom, Ingwer, Anis, Sternanis und Muskat geben süßen Kuchen einen besonderen Charme. Chili und Cayennepfeffer können zum Beispiel gut mit Schokolade harmonieren, Zitronen- und Orangenschale passen zu fast allen fruchtigen und schokoladigen Kuchen. Nicht zu vergessen die Gewürzmischung für Lebkuchen – auch hiermit lässt sich einem Blechkuchen eine ganz neue Richtung geben.

Hefe

Frische Hefe hat einen angenehmen Geruch, den sie auch dem Teig verleiht, der mit ihr zubereitet wird. Durch die Gärung, die bei der Vermengung mit Zucker und Milch entsteht, entwickeln sich gasgefüllte Bläschen, die dafür sorgen, dass sich der Teig vergrößert, also »aufgeht«. Durch kräftiges Kneten und Schlagen muss dem Teig Luft zugeführt werden. Je mehr Sauerstoff ihm zugefügt wird, desto luftiger und lockerer wird dann das Gebäck. Trockenhefe ist für den Notfall eine Hilfe, doch sorgt sie nicht für den wunderbaren Duft eines mit frischer Hefe zubereiteten Teigs.

Mehl

Gute Mehle zeichnen sich durch optimale Backfähigkeit aus und sorgen für gutes Gelingen. Für Biskuitteige sollte Mehl immer gesiebt werden, bei Rührteigen nur, wenn Backpulver und Kakao hinzukommen und für Mürbteige ist es gar nicht erforderlich.
Ein Teil des Mehls kann oft auch durch gemahlene Mandeln ersetzet werden.

Milch

Weil Milch für alle Kuchen und Torten immer erhitzt wird, kann ohne Weiteres auch haltbar gemachte Milch verwendet werden.

Nüsse, Mandeln, Kerne

Wer backt, hat eigentlich immer Nüsse und Mandeln im Haus, denn das Aroma ist einfach optimal für gutes Gebäck. Ihr hoher Ölgehalt macht sie allerdings auch empfindlich – Nüsse und Mandeln können ranzig werden, besonders in gemahlener Form. Daher riechen und probieren Sie immer, bevor Sie sie in den Teig geben – ansonsten ist der ganze Kuchen verdorben. Am besten bewahrt man Nüsse luft- und lichtdicht verpackt im Kühlschrank auf.

Haselnüsse sind etwas kräftiger im Geschmack als Mandeln und passen wunderbar zu Schokolade. Um die braune Haut zu entfernen, röstet man die Nüsse ohne Fett in eine Pfanne. Anschließend reibt man die Haut mit einem Küchentuch ab.

Die braune Haut von **Mandeln** lässt sich leicht entfernen, wenn man die Mandeln kurz mit kochendem Wasser übergießt. Der Mandelkern lässt sich dann aus dem Häutchen drücken. Die Mandeln anschließend trocknen lassen. Fast alle Kuchen lassen sich mit gerösteten Mandelblättchen lecker verschönern.

Walnüsse haben ein gutes Aroma, sind aber durch das Häutchen, das sich wegen der vielen Furchen nicht so gut ablösen lässt, oft etwas herb.

Eine freche Farbvariante im Kuchenbereich geben die grünen Kerne der **Pistazien**. Die helle feste Schale springt beim Rösten auf.

Speisestärke

Sie sorgt dafür, dass die verschiedensten Teige feiner und leichter werden, denn das Mehl mit seinem wichtigen Wirkstoff Kleber kann Teige zäh machen. Je höher beispielsweise der Stärkeanteil in einer Biskuitmasse ist, desto zarter wird das Endprodukt. Am besten geeignet für alle Kuchen ist Weizenstärke.

Zucker

Zucker ist ein unverzichtbares Produkt beim Kuchenbacken. Er sorgt für den guten Geschmack, für beschleunigte Gärung bei stimmten Teigarten und für eine appetitliche Bräunung. Je feiner der Zucker, desto besser. Wenn Sie Ihren Kuchen weniger süß mögen, können Sie auf ca. ein Drittel der in den Rezepten genannten Zuckermenge verzichten.

Puderzucker wird hauptsächlich für Glasuren eingesetzt und eignet sich gut, um Gebäck zu bestreuen und zu dekorieren. Wird für einen Teig Puderzucker statt Zucker verlangt, muss er immer gesiebt werden. Interessant zu wissen ist vielleicht, dass dem Puderzucker drei Prozent Maisstärke zugesetzt werden, damit er nicht zu viel Feuchtigkeit aufnimmt. Deshalb neigt er dazu, Klümpchen zu bilden, wenn man ihn in kaltem Wasser auflöst.

Brauner Zucker enthält noch einen Teil der Melasse, dem dunkelbraunen Zuckersirup, der bei der Zuckerproduktion anfällt. Melasse enthält mehr Inhaltsstoffe als weißer Zucker und gibt dem braunen Zucker seinen typischen karamellähnlichen Geschmack.

Vanillezucker ist aromatisierter Kristallzucker. Vanillezucker selbst zu machen ist ganz unproblematisch: Füllen Sie Zucker in ein verschließbares Gefäß und geben ein oder zwei Vanilleschoten dazu. Schütteln Sie das Gefäß ab und zu, damit sich das Aroma gleichmäßig verteilt. Nach zwei Wochen ist der selbst gemachte Vanillezucker einsetzbar. Füllen Sie immer wieder mit Zucker nach.

Vorgefertigte Produkte

Es ist wirklich nicht nötig, auf alles, was die Industrie heute an halb oder ganz fertigen Produkten für die heimische Bäckerei anbietet, zu verzichten. Dazu gehören beispielsweise gemahlener Mohn, Kuvertüre oder Puddingpulver. Auch die fertigen Teige in der Frischetheke ergeben meist sehr gute Resultate. Wer Bewährtes mit den heutigen Hilfsmitteln verbindet, wird immer gute Ergebnisse erzielen.

Gut zu wissen

Damit alles klappt beim Backen, sollten alle Zutaten die gleiche zimmerwarme Temperatur haben. Eier, Milch, Butter usw. rechtzeitig aus dem Kühlschrank nehmen. Lediglich Mürbteig verlangt nach kalter Butter.

Es hilft und spart Zeit, wenn alle Zutaten schon (genau) abgewogen bereitgestellt und Backblech und Backrahmen vorbereitet sind, bevor man beginnt.

Beim Backen müssen Mengen und Angaben besonders genau befolgt werden, denn ist das gute Stück erst einmal im Backofen, kann nichts mehr korrigiert werden.

Backzubehör

Unverzichtbar sind eine genaue Waage, ein Messbecher, Siebe und Schüsseln mit abgerundetem Boden in verschiedenen Größen. Ein gutes Rollholz ist nicht nur bei Blechkuchen fast das wichtigste Utensil. Sollte es aber gerade nicht auffindbar sein, kann der Teig auch mit einer Flasche ausgerollt werden.

Auf einen **Schneebesen** aus Edelstahl werden Sie nicht mehr verzichten mögen, egal ob Sie Eiweiß aufschlagen, Saucen und Pudding anrühren oder eine Creme zubereiten.

Nützlich sind auch **Rührlöffel** aus Kunststoff oder Holz. Zu den kleinen feinen Helfern gehören außerdem Backpinsel, Teigschaber, sowie ein Spritzbeutel mit glatten und gezackten Spritztüllen.

Eine **Winkelpalette** (oder auch nur Palette) ist eine Art Messer mit breiter Klinge, die vorne abgerundet ist. Wer viel backt, nutzt sie zum Glattstreichen von Teigen und Füllungen.

Backblech

Es müssen nicht die teuersten sein; das mit dem Herd mitgelieferte Blech tut meist gute Dienste. Brauchbar sind Backbleche aus Weißblech, Schwarzblech oder Aluminium, alle drei sind gute Wärmeleiter.

Backrahmen

Für Blechkuchen ist ein stufenlos verstellbarer Backrahmen sehr praktisch, weil die Teige naturgemäß dazu neigen, an den Rändern flacher zu werden. Er sorgt dafür, dass die Füllungen und Beläge »in Form«, gleich hoch und die Ränder glatt bleiben. Die Ergebnisse sehen viel perfekter aus. Backrahmen werden in unterschiedlicher Qualität angeboten.

Backpapier und Dauerbackfolie

Beide verhindern, dass Gebäck am Boden festklebt. Wird das Blech für Backpapier in der Mitte und an den Ecken leicht gefettet, bleibt es besser darauf liegen. Dafür kann Margarine oder Öl verwendet werden.
Wie der Name schon sagt, kann die Dauerbackfolie unendlich oft verwendet werden und ist vor allem für Vielbäcker eine sinnvolle Investition. Dauerbackfolie hat den Vorteil, dass das Blech nicht mehr eingefettet werden muss, damit sie haftet. Sie lässt sich leicht reinigen, und das Blech bleibt sauber.

Mit Quark, Schmand und Sahne

Tiramisu-Kuchen mit Himbeeren

Zubereitungszeit: ca. 75 Minuten | Kühlzeit: über Nacht | Backzeit: ca. 12 Minuten

Teig
- 1 Vanilleschote
- 5 Eier
- 90 g Zucker
- 1 Prise Salz
- 120 g Mehl
- 30 g Speisestärke

Belag
- 6 Blatt weiße Gelatine
- 1 kg Himbeeren
- 100 ml Himbeersirup
- 250 g Sahne
- 500 g Mascarpone
- 150–200 g Himbeeren

Außerdem
- Fett für Backblech
- Backpapier
- Puderzucker zum Bestäuben

1 Das Backblech leicht einfetten und mit Backpapier belegen. Den Backofen auf 180 °C vorheizen

2 Die Vanilleschote mit einem Messer aufschlitzen und das Innere auskratzen. Die Eier trennen. Die Eigelbe mit der Hälfte des Zuckers und dem Vanillemark verrühren. Die Eiweiße steif schlagen, dabei nach und nach den restlichen Zucker einrieseln lassen, Salz hinzufügen.

3 Die Eigelbe in die Eiweißmasse rühren und zuletzt ganz vorsichtig Mehl und Speisestärke darübersieben und mehr unterheben als unterrühren. Den Teig gleichmäßig auf dem Blech verteilen und den Biskuit auf der mittleren Schiene des Backofens etwa 12 Minuten backen, bis die Oberfläche goldbraun ist. Dann aus dem Ofen nehmen und den Teig auskühlen lassen.

4 Gelatine in kaltem Wasser einweichen. Die Himbeeren verlesen.

5 Die Sahne steif schlagen. Gelatine abtropfen lassen, in wenig kochendem Wasser auflösen. Mascarpone mit 2 Esslöffeln Himbeersirup und Gelatine verrühren. ¾ der Himbeeren und die Sahne unterheben.

6 Den ausgekühlten Teig mit dem restlichen Himbeersirup so tränken, dass er nur ganz leicht feucht wird, dann die Mascarponecreme gleichmäßig darauf verstreichen. Den Kuchen über Nacht kalt stellen, damit die Creme fest wird.

7 Vor dem Servieren die restlichen Himbeeren über dem Kuchen verteilen und mit Puderzucker bestäuben.

ALTERNATIVE 750 g Erdbeeren waschen, Stiele entfernen und halbieren. Vor dem Servieren auf der erkalteten und festen Creme gleichmäßig verteilen und mit Puderzucker bestäuben.

Käsekuchen mit Äpfeln und Mandeln

Zubereitungszeit: ca. 1 Stunde | Zeit zum Gehen: ca. 90 Minuten | Backzeit: ca. 40 Minuten

Teig

- 400 g Mehl
- 25 g Hefe
- ⅛ l lauwarme Milch
- 100 g Zucker
- 80 g Butter
- 1 Ei
- 1 Prise Salz

Belag

- 1 Päckchen Vanillepuddingpulver
- ½ l Milch
- 100 g Zucker
- 1 unbehandelte Zitrone
- 1,5 kg Äpfel (Braeburn oder Cox Orange)
- 60 g Butter
- 250 g Quark (40 % Fett)
- 1 Ei
- 30 g Vanillezucker

Außerdem

- Butter für Backblech
- 100 g Mandelblättchen
- 1 Glas Orangengelee oder -marmelade (400–450 g)
- 2 EL Cointreau oder Orangensaft

1 Für den Teig das Mehl in eine Schüssel sieben. In die Mitte eine Mulde drücken. Die Hefe in der Milch auflösen und mit 1 Esslöffel Zucker und 1 Esslöffel Mehl verrührt in die Mulde gießen. Abdecken und den Vorteig an einem warmen Ort gehen lassen, bis die Oberfläche Risse zeigt.

2 Die Butter zerlassen, mit dem restlichen Zucker, Ei und Salz zum Vorteig geben und mit dem Mehl vermengen. Gut kneten, bis der Teig sich vom Schüsselrand löst. Abdecken und gehen lassen, bis der Teig sich etwa verdoppelt hat.

3 Das Backblech gründlich mit Butter einfetten und den Teig darauf ausrollen. Abdecken und nochmals 30 Minuten gehen lassen.

4 Für den Belag den Pudding nach Packungsvorschrift mit Milch und Zucker zubereiten und auskühlen lassen. Die Zitrone waschen, abtrocknen und die Schale abreiben, den Saft auspressen. Die Äpfel schälen, vierteln und in gleichmäßige Spalten schneiden und mit dem Zitronensaft beträufeln. Die Butter zerlassen. Den Backofen auf 200 °C vorheizen.

5 Den Quark mit Pudding, Ei, Vanillezucker, Butter und Zitronenschale verrühren, über dem Hefeteig verteilen und mit den Apfelspalten belegen. Den Kuchen auf der mittleren Schiene des Backofens etwa 40 Minuten backen.

6 Die Mandelblättchen in einer Pfanne ohne Fett rösten, bis sie zu duften beginnen. Orangengelee mit Cointreau oder Saft verrühren und leicht erwärmen, damit es streichfähig wird. Den fertigen Kuchen damit bestreichen und zum Schluss die Mandelblättchen darüber verstreuen.

Feiner Mohn-Käse-Kuchen

Zubereitungszeit: ca. 90 Minuten | Kühlzeit: ca. 1 Stunde | Backzeit: ca.45–50 Minuten

Teig

- 400 g Mehl
- ½ TL Backpulver
- 75 g Zucker
- 1 Päckchen Vanillezucker
- 2 Eier
- 180 g weiche Butter

Mohnbelag

- 2 Päckchen backfertige Mohnmischung
- 2 EL Orangensaft oder Wasser
- 2 Eier
- 100 g Rosinen

Quarkbelag

- 1 unbehandelte Orange
- 2 Eier
- 80 g Butter
- 750 g Quark (20% Fett)
- 150 g Zucker
- 1 Päckchen Sahnepuddingpulver

Außerdem

- Fett für Backblech
- Backpapier
- Orangenmarmelade und 2 EL Orangensaft zum Bestreichen

1 Für den Teig das Mehl mit dem Backpulver in eine Rührschüssel geben, alle anderen Zutaten hinzufügen und mit den Knethaken des Handrührgeräts gründlich verkneten.

2 Den Teig in Folie gewickelt 1 Stunde kühl stellen.

3 Für den Mohnbelag die Mohnmischung mit Orangensaft oder Wasser, Eiern und Rosinen verrühren.

4 Für den Quarkbelag die Orange waschen, abtrocknen und die Schale abreiben. Eier trennen, Eiweiße steif schlagen. Butter zerlassen. Mit Quark, Orangenschale, Eigelben, Zucker und Sahnepuddingpulver gut verrühren. Zuletzt den Eischnee unterheben.

5 Das Backblech leicht einfetten und mit Backpapier belegen. Den Backofen auf 180 °C vorheizen.

6 Den Teig ausrollen, auf das Blech legen und den Quarkbelag darauf verteilen. Dann die Mohnmischung gleichmäßig in Klecksen auf den Quark geben. Den Kuchen auf der mittleren Schiene des Backofens etwa 40–50 Minuten backen.

7 Die Orangenmarmelade mit dem Saft erwärmen, damit sie streichfähig wird, und den fertigen Kuchen damit bestreichen.

Schmandkuchen mit Pflaumenmus

Zubereitungszeit: ca. 1 Stunde | Backzeit: ca. 20 Minuten | Foto auf Seite 4

Teig
- 1 unbehandelte Zitrone
- 150 g weiche Butter
- 125 g Zucker
- 1 Päckchen Vanillezucker
- 4 Eier
- 250 g Mehl
- 100 g gemahlene Mandeln
- 2 TL Backpulver
- 100 ml Milch

Belag
- 8 Blatt weiße Gelatine
- 450 g Pflaumenmus
- 2 cl Pflaumen- oder Obstgeist
- 1 TL Zimtpulver
- 400 g Schmand
- 3 Päckchen Vanillezucker
- 50 g Zucker
- 400 g Sahne

Außerdem
- Fett für Backblech und Backrahmen
- Backpapier
- Backrahmen
- 100 g Mandelblättchen zum Bestreuen

1 Das Backblech leicht einfetten und mit Backpapier belegen. Den Backrahmen ebenfalls einfetten und auf das Blech stellen (ca. 28 x 38 cm). Den Backofen auf 180 °C vorheizen.

2 Für den Teig die Zitrone waschen, abtrocknen, die Schale abreiben, Saft auspressen.

3 Butter mit Zucker und Vanillezucker cremig schlagen. Nach und nach die Eier unterrühren. Zitronenschale und -saft hinzufügen. Mehl mit Mandeln und Backpulver mischen, unter die Buttermasse rühren, Milch hinzufügen und alles zu einem glatten Teig verrühren.

4 Den Teig in den Rahmen füllen, gleichmäßig verstreichen und auf der mittleren Schiene des Backofens etwa 20 Minuten backen. Herausnehmen und abkühlen lassen.

5 Für den Belag die Gelatine in kaltem Wasser einweichen. Das Pflaumenmus mit Pflaumengeist und 1 Esslöffel Wasser vermengen und das Zimtpulver unterrühren. Die Masse muss streichfähig, aber keinesfalls dünnflüssig sein.

6 Den Schmand mit Vanillezucker und Zucker glatt rühren. Die Sahne steif schlagen. Die Gelatine abtropfen lassen und in einem Topf bei schwacher Hitze auflösen, mit 2 Esslöffeln Sahne vermengen und mit der restlichen Sahne unter den Schmand heben.

7 Pflaumencreme auf dem Teigboden verstreichen, darüber die Sahne-Schmand-Mischung verteilen und den Kuchen kalt stellen, bis der Belag fest ist.

8 Die Mandelblättchen in einer Pfanne ohne Fett anrösten, bis sie zu duften beginnen und leicht Farbe annehmen. Den Kuchen mit den Mandelblättchen bestreuen. Den Backrahmen entfernen.

Himbeer-Sahne-Rolle

Zubereitungszeit: ca. 45 Minuten | Backzeit: 8–10 Minuten | Foto auf Seite 4

Teig

- 1 Vanilleschote
- 8 Eigelbe
- 100 g Zucker
- 1 Prise Salz
- 5 Eiweiße
- 80 g Mehl
- 20 g Speisestärke
- ½ TL Backpulver

Füllung

- 6 Blatt weiße Gelatine
- 400 g frische oder tiefgefrorene Himbeeren
- 6 EL Sauternes oder Dessertwein
- 500 g Sahne
- 90 g Zucker

Außerdem

- Fett für Backblech
- Backpapier
- 1 Küchenhandtuch
- Puderzucker zum Bestreuen

1 Das Backblech leicht einfetten und mit Backpapier belegen. Den Backofen auf 200 °C vorheizen. Das Küchenhandtuch anfeuchten.

2 Bei diesem Biskuitteig wird das verschlagene Eigelb in den Eischnee gehoben, nicht umgekehrt, wie üblich. Zunächst die Vanilleschote aufschlitzen, das Mark herauskratzen. Die Eigelbe mit 50 g Zucker verschlagen, Salz und Vanillemark hinzufügen.

3 Die Eiweiße steif schlagen, dabei den restlichen Zucker einrieseln lassen. Das Eiweiß muss schnittfest sein. Die Eigelbmasse vorsichtig unter den Eischnee ziehen. Dann das Mehl mit Speisestärke und Backpulver vermischt unterheben.

4 Die Biskuitmasse auf dem Backblech verstreichen und auf der mittleren Schiene des Backofens in etwa 8 bis 10 Minuten goldgelb backen. Herausnehmen, auf ein feuchtes Tuch stürzen, das Backpapier vorsichtig entfernen. Wenn das nicht leicht geht, mit etwas Wasser bepinseln, kurz warten und erneut versuchen. Den Teig etwas abkühlen lassen, dann mit dem Tuch aufrollen.

5 Für die Füllung die Gelatine in kaltem Wasser einweichen. Die tiefgefrorenen Himbeeren auftauen, frische verlesen, pürieren. Den Wein erhitzen.

6 Die Gelatine abtropfen lassen, im Wein auflösen und mit dem Fruchtpüree verrühren. Die Sahne steif schlagen, dabei den Zucker einrieseln lassen, unter das Fruchtpüree heben.

7 Die Teigrolle wieder entrollen. Das Fruchtpüree gleichmäßig darauf verstreichen, dabei etwa 2 cm an den Rändern freilassen, damit nicht zu viel ausläuft. Etwas warten, bis das Fruchtmark beginnt, fest zu werden. Erst dann den Teig – ohne Tuch – wieder aufrollen.

8 Vor dem Servieren mit Puderzucker bestreuen.

Beeriger Quarkkuchen

Zubereitungszeit: ca. 1 Stunde | Backzeit: ca. 10–15 Minuten

Teig
- 400 g Mehl
- 220 g kalte Butter
- 80 g Zucker
- 1 Prise Salz
- 1 Eigelb

Quarkcreme
- 1 unbehandelte Zitrone
- 12 Blatt weiße Gelatine
- ⅛ l Milch
- 160 g Zucker
- 1 Päckchen Vanillezucker
- 4 Eigelbe
- 500 g Sahne
- 500 g Quark (20% Fett)

Belag
- 1 Dose Pfirsiche (425 g)
- 250 g Himbeeren
- 250 g Brombeeren
- 200 g rote Johannisbeeren
- 200 g Heidel- oder Blaubeeren

Außerdem
- Butter für Backblech und Backrahmen
- Backrahmen

1 Mehl auf die Arbeitsplatte sieben, die Butter in kleinen Stückchen darüber verteilen und mit Zucker, Salz und Eigelb rasch zu einem Mürbteig verkneten (kleine Butterstückchen dürfen noch erkennbar sein) und in Folie gewickelt 30 Minuten kühl stellen.

2 Das Backblech und den Backrahmen gut mit Butter einfetten. Den Backofen auf 190 °C vorheizen.

3 Den Teig ausrollen, auf das Blech legen, mehrmals einstechen und auf der mittleren Schiene des Backofens etwa 10 bis 15 Minuten goldbraun backen. Abkühlen lassen und den Backrahmen um den Teig stellen.

4 Für die Quarkcreme die Zitrone waschen, abtrocknen, die Schale abreiben, den Saft auspressen. Die Gelatine in kaltem Wasser einweichen.

5 Milch mit Zucker, Vanillezucker und Eigelben bis kurz vor dem Kochpunkt erhitzen. Die Gelatine abtropfen lassen, in der heißen Milch auflösen und verrühren, nicht mehr kochen. Wenn die Milchcreme beginnt fester zu werden, die Sahne steif schlagen. Sahne und Quark mit Zitronenschale und -saft unter die Milchcreme heben.

6 Die abgetropften Pfirsiche klein würfeln. Die Beeren verlesen, überbrausen, abtropfen lassen, mit den Pfirsichen mischen und etwa die Hälfte davon auf dem Teig verteilen, darüber die Quarkcreme streichen, den Kuchen kalt stellen. Wenn die Quarkcreme beginnt fest zu werden, das restliche Obst darüber verteilen. Den Kuchen kühl stellen, bis die Creme schnittfest ist.

Bananenkuchen mit Limettenquark

Zubereitungszeit: ca. 45 Minuten | Kühlzeit: ca. 1–2 Stunden | Backzeit: ca. 25–30 Minuten

Teig
- 300 g Mehl
- 1 TL Backpulver
- 200 g Zucker
- 3 Eier
- 250 g weiche Butter
- 250 g Magerquark
- ⅛ l Bananennektar
- 100 g gemahlene Walnüsse

Belag
- 2 unbehandelte Limetten
- 10 Blatt weiße Gelatine
- 3 Bananen
- 750 g Magerquark
- ¼ l Bananennektar
- 100 g Zucker
- 250 g Sahne
- 1 Päckchen Vanillezucker

Garnieren
- Schokotröpfchen
- Bananenchips nach Belieben

Außerdem
- Butter für Backblech und Backrahmen
- Backrahmen

1 Den Backofen auf 180 °C vorheizen. Das Backblech und den Backrahmen gut mit Butter einfetten.

2 Für den Teig Mehl mit Backpulver in eine Schüssel sieben. Zucker, Eier, Butter, Quark, Nektar und Walnüsse gründlich verrühren.

3 Den Teig auf dem Blech verstreichen und auf der mittleren Schiene des Backofens in etwa 25 bis 30 Minuten hellbraun backen. Herausnehmen und abkühlen lassen, dann den Backrahmen um den Teig stellen.

4 Für den Belag die Limetten waschen, abtrocknen, die Schale abreiben und den Saft auspressen. Die Gelatine in kaltem Wasser einweichen.

5 Die Bananen schälen und in Scheiben schneiden, mit Limettensaft beträufeln. Quark mit Nektar und Zucker verrühren. Die Gelatine abgetropft in wenig heißem Wasser auflösen, mit 2 Esslöffeln Quarkmasse vermengen und dann unter die gesamte Quarkmasse rühren. Bananenscheiben und Limettenschale unterheben.

6 Die Sahne steif schlagen, dabei den Vanillezucker einrieseln lassen, unter die Quarkmasse heben und auf dem Teigboden verstreichen. Kalt stellen.

7 Vor dem Servieren den Backrahmen entfernen und den Kuchen mit Schokotröpfchen und Bananenchips garnieren.

Zitronen-Sahne-Roulade

Zubereitungszeit: ca. 45 Minuten | Backzeit: 8–10 Minuten | Foto auf Seite 11

Teig

- 1 Vanilleschote
- 8 Eigelbe
- 100 g Zucker
- 5 Eiweiße
- 90 g Mehl
- 10 g Speisestärke
- 2 TL Backpulver

Füllung

- 6 Blatt weiße Gelatine
- 2 unbehandelte Zitronen
- 2 Eigelbe
- ⅛ l Weißwein oder Apfelsaft
- 20 g Zucker
- 400 g Sahne

Außerdem

- Fett für Backblech
- Backpapier
- 1 Küchenhandtuch
- Puderzucker zum Bestreuen

1 Das Backblech leicht einfetten und mit Backpapier belegen. Den Backofen auf 200 °C vorheizen. Ein Küchenhandtuch anfeuchten.

2 Bei diesem Biskuitteig wird das verschlagene Eigelb in den Eischnee gehoben, nicht umgekehrt, wie üblich. Zunächst die Vanilleschote aufschlitzen, das Mark mit einem Messer herauskratzen. Die Eigelbe mit 50 g Zucker verschlagen, Vanillemark hinzufügen.

3 Die Eiweiße steif schlagen, nach einiger Zeit den restlichen Zucker einrieseln lassen. Das Eiweiß muss schnittfest sein. Die Eigelbmasse vorsichtig unter den Eischnee ziehen. Dann das Mehl mit Speisestärke und Backpulver darübersieben und unterheben.

4 Die Biskuitmasse auf dem Backblech möglichst glatt verstreichen und auf der mittleren Schiene des Backofens in etwa 8 bis 10 Minuten goldgelb backen. Herausnehmen, auf das feuchte Tuch stürzen, das Papier vorsichtig abziehen. Wenn das nicht leicht geht, das Papier mit Wasser bepinseln, etwas warten und erneut versuchen. Den Teig dann mit dem Tuch zusammen aufrollen.

5 Für die Füllung die Gelatine in kaltem Wasser einweichen. Die Zitronen waschen, abtrocknen, die Schale abreiben, den Saft auspressen. Eigelbe mit Wein oder Saft, Zucker, Zitronenschale und -saft verrühren und erhitzen (nicht kochen). Die leicht ausgedrückte Gelatine darin auflösen und verrühren. Alles abkühlen lassen.

6 Wenn die Eigelbmasse zu gelieren beginnt, die Sahne steif schlagen und unterziehen.

7 Wenn die Zitronencreme fest genug geworden ist, die Teigrolle wieder entrollen und die Creme darauf verstreichen, etwa 2 cm an den Rändern freilassen, damit beim Aufrollen nicht zu viel ausläuft. Warten, bis die Zitronencreme fester ist, und den Biskuit – ohne Tuch – wieder aufrollen. Vor dem Servieren mit Puderzucker bestreuen.

Vanille-Käsekuchen mit Birne

Zubereitungszeit: ca.1 Stunde | Backzeit: ca. 1 Stunde | Foto auf Seite 11

Creme

1 Päckchen Vanillepuddingpulver
½ l Milch
2 Eier
125 g Zucker
500 g Quark (20 % Fett)
⅛ l Milch

Teig

1 Vanilleschote
150 g weiche Butter
75 g Zucker
250 g Mehl
100 g gemahlene Haselnüsse
1 TL Backpulver
150 g Crème fraîche

Belag

1 Zitrone
1 kg Birnen

Streusel

200 g Mehl
100 gemahlene Haselnüsse
150 g Zucker
½ TL Zimtpulver
200 g Butter

Außerdem

Fett für Backblech
Backpapier

1 Für die Creme den Vanillepudding nach Anleitung mit Milch zubereiten, fest werden lassen. Die Eier mit Zucker cremig aufschlagen. Den Quark mit Milch verrühren und mit der Eiercreme unter den Pudding rühren.

2 Das Backblech leicht einfetten und mit Backpapier belegen.

3 Für den Teig die Vanilleschote aufschlitzen, das Mark herauskratzen. Die Butter mit Zucker schaumig rühren. Mehl mit Vanillemark, Haselnüssen und Backpulver mischen und mit der Crème fraîche in die Buttermasse rühren. Den Teig auf dem Backblech verstreichen. Kühl stellen.

4 Für den Belag die Zitrone auspressen. Die Birnen schälen, vierteln, Kerngehäuse entfernen und in Schnitze schneiden, mit dem Zitronensaft beträufeln.

5 Für die Streusel Mehl, Nüsse, Zucker und Zimt mischen, die Butter in Flöckchen dazugeben und alles mit den Händen zu Streuseln krümeln.

6 Den Backofen auf 180 °C vorheizen. Die Birnenschnitze auf dem Teigboden verteilen. Darauf die Puddingquarkcreme streichen und die Streusel darüber verteilen.

7 Den Kuchen auf der mittleren Schiene des Backofens etwa 1 Stunde backen, bis die Oberfläche schön goldbraun ist.

Heidelbeer-Streuselkuchen mit Schmand

Zubereitungszeit: ca. 50 Minuten | Zeit zum Gehen: ca. 1 – 1 ½ Stunden | Backzeit: ca. 30 Minuten

Teig
- 400 g Mehl
- 25 g Hefe
- ⅛ l lauwarme Milch
- 30 g Zucker
- 80 g Butter
- 1 Prise Salz
- 2 Eier

Belag
- 1 kg Heidel- oder Blaubeeren
- 2 Becher Schmand
- 1 EL Zitronensaft
- 2 Päckchen Vanillezucker
- 50 g Zucker

Streusel
- 350 g Mehl
- 200 g Zucker
- ½ TL Zimtpulver
- 200 g Butter

Außerdem
- Fett für Backblech
- Backpapier

1 Das Backblech leicht einfetten, mit Backpapier belegen.

2 Für den Teig Mehl in eine Schüssel sieben. Die Hefe in der Milch mit 1 Teelöffel Zucker auflösen und mit 1 Esslöffel Mehl verrühren. In das Mehl eine Mulde drücken, Hefemilch hineingießen, dünn mit Mehl bestreuen. Abdecken und den Vorteig an einem warmen Ort gehen lassen, bis die Oberfläche Risse zeigt.

3 Die Butter zerlassen. Den restlichen Zucker, Salz, Eier und die Butter zum Vorteig geben und mit dem Mehl vermengen, gut kneten, bis der Teig glatt und geschmeidig ist und sich vom Schüsselrand löst. Den Teig auf einer bemehlten Arbeitsfläche in der Größe des Blechs ausrollen und auf das Blech legen, mit einem Tuch bedecken und erneut etwa 40 Minuten gehen lassen.

4 Für den Belag die Beeren verlesen, waschen, abtropfen lassen. Den Schmand mit Zitronensaft, Vanillezucker und Zucker verrühren und auf dem Teigboden verstreichen, darüber die Beeren verteilen. Abdecken und nochmals etwa 20 Minuten gehen lassen.

5 Für die Streusel Mehl mit Zucker, Zimt und Butter vermengen und zu Streuseln krümeln. Gleichmäßig über den Beeren verteilen und den Kuchen erneut etwa 15 Minuten gehen lassen.

6 Den Backofen auf 220 °C vorheizen.

7 Den Kuchen auf der mittleren Schiene des Backofens etwa 30 Minuten backen, bis die Streusel schön goldgelb sind.

Joghurt-Himbeer-Schnitten

Zubereitungszeit: 45 Minuten | Kühlzeit: 90 Minuten | Backzeit: ca. 20 Minuten

Teig

1 unbehandelte Limette
300 g Mehl
3 TL Backpulver
180 g Zucker
1 Päckchen Vanillezucker
150 ml Mineralwasser
150 ml Pflanzenöl
4 Eier

Belag

8 Blatt weiße Gelatine
1 kg frische oder tiefgefrorene Himbeeren
500 g Joghurt (10 % Fett)
60 g Zucker
1 Päckchen Vanillezucker
500 g Sahne

Außerdem

Fett für Backblech und Backrahmen
Backpapier
Backrahmen
Himbeergelee zum Bestreichen

1 Das Backblech leicht einfetten und mit Backpapier belegen. Den Backrahmen ebenfalls einfetten und auf das Backblech stellen (ca. 28 x 38 cm). Den Backofen auf 180 °C vorheizen.

2 Für den Teig die Limette waschen, abtrocknen, die Schale abreiben, den Saft auspressen. Mehl mit Backpulver sieben, mit Limettenschale und -saft, Zucker und Vanillezucker vermengen. Mineralwasser und Öl unterrühren. Nach und nach die Eier hinzufügen und zu einem glatten Teig vermengen. Den Teig auf dem Backblech verteilen, glatt streichen und auf der mittleren Schiene des Backofens etwa 20 Minuten backen.

3 Für den Belag die Gelatine in kaltem Wasser einweichen. Frische Himbeeren verlesen, tiefgefrorene auftauen. Joghurt mit Zucker und Vanillezucker verrühren, Die Gelatine leicht ausdrücken und in wenig heißem Wasser auflösen, mit 2 bis 3 Esslöffeln der Joghurtcreme verrühren und zurück in die gesamte Masse geben. Wenn die Creme dicklich wird, die Sahne steif schlagen und unterheben.

4 Den Teigboden mit Himbeeren belegen, die Joghurtcreme darüber verteilen, glatt streichen. Den Kuchen kühl stellen.

5 Den Backrahmen entfernen. Himbeergelee mit etwas heißem Wasser streichfähig machen und den Kuchen damit glasieren. Nochmals kühl stellen.

Käsekuchen mit Heidelbeeren

Zubereitungszeit: ca. 1 Stunde | Backzeit: ca. 40 Minuten

Teig

- 1 unbehandelte Zitrone
- 200 g weiche Butter
- 120 g Zucker
- 2 Eier
- 350 g Mehl
- 150 g gemahlene Haselnüsse
- 1 Prise Salz
- 1 TL Backpulver

Belag

- 700 g frische oder tiefgefrorene Heidelbeeren
- 1 Päckchen Vanillezucker
- 100 g weiche Butter
- 130 g Zucker
- 3 Eier
- 750 g Quark (20% Fett)
- 1 Päckchen Vanillepuddingpulver
- 1 EL Zitronensaft
- 2 EL Grieß

Außerdem

- Fett für Backblech und Backrahmen
- Backpapier
- Backrahmen

1 Für den Teig die Zitrone waschen, abtrocknen, die Schale abreiben und den Saft für den Belag auspressen. Butter mit Zucker cremig schlagen, ein Ei nach dem anderen unterrühren. Mehl mit Zitronenschale, Nüssen, Salz und Backpulver mischen und zum Teig geben, alles gut verkneten.

2 Das Backblech leicht einfetten, mit Backpapier belegen. Den Backrahmen ebenfalls einfetten. Den Backofen auf 175 °C vorheizen.

3 Für den Belag die frischen Heidelbeeren verlesen, vorsichtig abbrausen und abtropfen lassen, die tiefgefrorenen auftauen, mit dem Vanillezucker mischen.

4 Butter mit Zucker cremig schlagen, nach und nach die Eier unterrühren, dann Quark, Puddingpulver, Zitronensaft und Grieß unterheben. Alles gut verrühren.

5 Den Teig ausrollen und auf das Backblech legen. Den Backrahmen herumstellen. Die Hälfte der Quarkcreme auf dem Boden verstreichen. Die Heidelbeeren darüber verteilen und mit der restlichen Quarkcreme bedecken. Den Kuchen auf der mittleren Schiene des Backofens in etwa 40 Minuten hellbraun backen.

Schokoladig und nussig

Polnische Mandelschnitten

Zubereitungszeit: ca. 45 Minuten | Kühlzeit: ca. 1 Stunde | Backzeit: ca. 20 Minuten

Teig

- 350 g Mehl
- 220 g Puderzucker
- 1 Päckchen Vanillezucker
- 1 Prise Salz
- 5 Eigelbe von hart gekochten Eiern
- 250 g Butter
- 80 ml Sahne oder Milch

Belag

- 1 Ei
- 30 g Zucker
- 250 g Mandelblättchen

Außerdem

- Fett für Backblech
- Backpapier

1 Für den Teig Mehl und Puderzucker in eine Schüssel sieben. Vanillezucker und Salz hinzufügen. Die Eigelbe mit einem Löffel durch ein Sieb in die Mehlmasse drücken. Die Butter in Stückchen hinzugeben und alles mit den Händen zu einem glatten Teig verkneten. In Folie wickeln und 1 Stunde kühl stellen.

2 Das Backblech leicht einfetten und mit Backpapier belegen. Den Backofen auf 190 °C vorheizen.

3 Den Teig auf Backblechgröße ausrollen, auf das Blech legen.

4 Für den Belag das Ei mit Zucker gut verschlagen und den Teigboden damit bestreichen. Mit einer Gabel Löcher in den Teig stechen, um Blasenbildung zu verhindern. Die Mandelblättchen gleichmäßig über dem Boden verstreuen und mit den Händen andrücken.

5 Den Kuchen auf der mittleren Schiene des Backofens in 20 Minuten goldgelb backen. Herausnehmen und noch warm in gleich große (etwa 7 x 4 cm) Stücke schneiden. Warm schmecken diese Schnitten am besten. Ausgekühlt kann das Gebäck längere Zeit aufbewahrt werden.

Orangen-Schokoladen-Kuchen mit Walnüssen

Zubereitungszeit: ca. 40 Minuten | Backzeit: ca. 15 Minuten

Teig

- 1 unbehandelte Orange
- 200 g Zartbitterschokolade (75 % Kakaoanteil)
- 4 Eier
- 200 g Zucker
- 1 Päckchen Vanillezucker
- 90 g Butter
- 150 g Mehl
- 1 Prise Salz
- 150 g gemahlene Walnüsse

Guss

- 100 g Zucker
- 150 g Zartbitterschokolade
- 2 EL Orangenlikör (z. B. Cointreau)

Außerdem

- Fett für Backblech
- Backpapier
- Backrahmen
- 150 g Walnusshälften zum Belegen

1 Für den Teig die Orange waschen, abtrocknen, die Schale abreiben und den Saft auspressen. Die Schokolade in Stückchen brechen und mit Orangenschale und -saft im Wasserbad bei mittlerer Hitze schmelzen (nicht kochen lassen).

2 Eier mit Zucker und Vanillezucker schaumig aufschlagen. Die Butter in der warmen Schokoladensauce auflösen und in die Eiercreme rühren. Mehl, Salz und Walnüsse hinzufügen und alles glatt verrühren.

3 Den Backofen auf 170 °C vorheizen. Das Backblech leicht einfetten und mit Backpapier belegen. Den Backrahmen auf das Blech stellen (etwa 28 x 38 cm) und den Teig einfüllen. Auf der mittleren Schiene des Backofens etwa 15 Minuten backen.

4 Für den Guss den Zucker mit 100 ml Wasser sirupartig einkochen, etwas abkühlen lassen. Die Schokolade stückeln und mit dem Orangenlikör in der Zuckermasse auflösen und glatt verrühren.

5 Den Teigboden aus dem Ofen nehmen und noch lauwarm mit dem Schokoladenguss bestreichen. Abkühlen und fest werden lassen. Den Backrahmen entfernen. Den Kuchen mit einem scharfen Messer in nicht zu große Quadrate (etwa 5 x 5 cm) schneiden (der Kuchen ist sehr mächtig). Jedes Quadrat mit einer Walnusshälfte belegen.

Ingwerkuchen mit Schokoladen-Kokos-Haube

Zubereitungszeit: ca. 1 Stunde | Backzeit: ca. 20–25 Minuten | Foto auf Seite 104

Teig
- 250 g weiche Butter
- 200 g Zucker
- 1 Päckchen Vanillezucker
- 1 Prise Salz
- 4 Eier
- 350 g Mehl
- 1 TL Backpulver
- 6 EL Sahne
- 60 g Kakao
- 340 g Ingwermarmelade (1 Glas)

Belag
- 200 g Kokosflocken
- ½ l Milch
- 100 g Butter
- 100 g Zucker
- 120 g Weizengrieß

Glasur
- 50 g Kakao
- 4 EL Zucker
- 150 ml Milch
- 2 Eigelbe
- 125 g Kokosfett

Außerdem
- Fett für Backblech
- Backpapier
- Kokosflocken zum Bestreuen

1 Das Backblech leicht einfetten und mit Backpapier belegen. Den Backofen auf 180 °C vorheizen.

2 Für den Teig Butter, Zucker, Vanillezucker und Salz zu einer cremigen Masse verrühren. Die Eier nach und nach hinzufügen und gründlich vermengen. Das Mehl mit dem Backpulver vermischen und unter den Teig ziehen. Sahne und Kakao zum Teig geben und gut verrühren. Zuletzt die Ingwermarmelade untermengen.

3 Den Rührteig gleichmäßig auf dem Blech verstreichen und auf der mittleren Schiene des Backofens etwa 20 bis 25 Minuten backen.

4 Für den Belag die Kokosflocken in einer Pfanne ohne Fett hellgelb anrösten. Milch aufkochen, Butter darin schmelzen, Zucker und die Kokosflocken hinzufügen, rühren. Den Grieß einrieseln lassen und verrühren. Den Topf von der Herdplatte ziehen und die Masse auskühlen lassen.

5 Die Grieß-Kokos-Masse auf dem gebackenen Kuchen verstreichen. Kalt werden lassen.

6 Für die Glasur den Kakao mit Zucker verrühren. Die Milch aufkochen, zum Kakao geben und glatt rühren. Die Eigelbe hinzufügen und gut verrühren. Das Kokosfett schmelzen, nach und nach in die Ei-Kakao-Mischung rühren. Abkühlen lassen, aber immer wieder rühren, um eine homogene Glasur zu bekommen. Über dem Belag verstreichen. Der Kuchen schmeckt am besten, wenn er vor dem Verzehr einige Stunden kühl gestellt wird. Vor dem Servieren mit Kokosflocken bestreuen.

Pistazien-Brownies

Zubereitungszeit: ca. 40 Minuten | Backzeit: ca. 25 Minuten | Foto auf dem Buchumschlag

Rezept: Jan Wischnewski

Teig

400 ml Wasser
6 EL Kakao
500 g weiche Butter
400 g Mehl
2 EL Rohrzucker
1 Prise Salz
4 Eier
400 ml Buttermilch
2 TL Natron
170 g ganze Pistazien
4 EL Milch
300 g flüssige Butter
8 EL Kakao
2 Packung Vanillezucker
300 g Puderzucker

Außerdem

Butter für Backblech
evtl. Puderzucker zum Bestäuben

1 Wasser, Kakao und Butter in einem Topf zum Kochen bringen, dann beiseitestellen.

2 Mehl, Zucker und Salz mischen und in die Buttermischung einrühren. Die Eier mit der Buttermilch verquirlen und ebenfalls unter die Mischung heben. Dann Natron und die Pistazien zugeben und nochmals gut umrühren.

3 Den Ofen auf 165 °C vorheizen. Den Teig in auf ein gut gefettetes Backblech geben und 20 bis 25 Minuten backen.

4 5 Minuten vor Ende der Backzeit die Milch, die zerlassenen Butter, Kakao und Vanillezucker aufkochen, den Puderzucker einrühren, dann sofort auf dem heißen Brownie verteilen. Zu Ende backen.

5 Die Brownies abkühlen lassen und portionieren. Nach Belieben mit Puderzucker bestäuben.

Schokoladen-Pfirsich-Rolle

Zubereitungszeit: ca. 50 Minuten | Backzeit: 10–12 Minuten

Teig
- 1 Vanilleschote
- 100 g Zartbitterschokolade
- 6 Eier
- 120 g Puderzucker
- 100 g Mehl
- 20 g Speisestärke
- 1 TL Backpulver
- 50 g gemahlene Haselnüsse

Füllung
- 8 Blatt weiße Gelatine
- 150 g Pfirsichmarmelade
- 2 EL Pfirsichlikör oder Pfirsichsaft
- 400 g Sahne
- 1 Päckchen Vanillezucker
- 80 g Zucker

Außerdem
- Fett für Backblech
- Backpapier
- 1 Küchenhandtuch
- Pfirsichschnitze zum Garnieren

1 Das Backblech leicht einfetten und mit Backpapier belegen. Den Backofen auf 200 °C vorheizen.

2 Für den Teig die Vanilleschote aufschlitzen und das Mark herauskratzen. Die Schokolade stückeln und im warmen Wasserbad schmelzen. Die Eier trennen. Die Eigelbe mit Puderzucker, 2 Esslöffeln heißem Wasser und Vanillemark schaumig rühren. Die geschmolzene Schokolade unterziehen.

3 Das Mehl mit Stärke und Backpulver über die Eigelb-Schokoladenmasse sieben und verrühren, die Nüsse hinzufügen und vermengen. Die Eiweiße steif schlagen und vorsichtig unterheben.

4 Die Teigmasse gleichmäßig auf dem Backblech verstreichen und auf der mittleren Schiene des Backofens etwa 10 bis 12 Minuten goldgelb backen. Dann auf das feuchte Tuch stürzen, das Backpapier entfernen, wenn das nicht leicht geht, das Papier mit Wasser bepinseln, kurz warten und erneut versuchen. Den Biskuit zusammen mit dem Tuch aufrollen. Auskühlen lassen.

5 Für die Füllung die Gelatine in kaltem Wasser einweichen. Die Marmelade mit dem Pfirsichlikör oder -saft ein wenig erwärmen und streichfähig machen. Die Gelatine abtropfen lassen und in etwas heißem Wasser auflösen. Die Sahne steif schlagen, dabei Vanillezucker und Zucker hinzufügen und mit Marmelade und der aufgelösten Gelatine vermengen.

6 Die Biskuitroulade wieder entrollen und mit zwei Dritteln der Sahnemasse bestreichen, an den Rändern etwa 2 cm frei lassen, damit nicht zu viel ausläuft. Den Biskuit dann – ohne Tuch – wieder aufrollen, mit der restlichen Sahnemasse bestreichen und vor dem Servieren nach Belieben mit Pfirsichschnitzen garnieren.

Knuspriger Krokant-Hefekuchen

Zubereitungszeit: ca. 40 Minuten | Zeit zum Gehen: ca. 2 Stunden | Backzeit: ca. 35–40 Minuten

Foto auf Seite 47

Teig
- 500 g Mehl
- 25 g Hefe
- 80 g Zucker
- 200 ml lauwarme Milch
- 1 unbehandelte Zitrone
- 100 g Butter
- 1 Ei
- 1 Prise Salz

Belag
- 1 Glas Aprikosenmarmelade (250 g)
- 100 g Krokant (Fertigmischung)
- 100 g gehackte Haselnüsse
- 100 g gehackte Mandeln
- 50 g Zucker
- 200 g Sahne

Außerdem
- Fett für Backblech
- Backpapier

1 Das Backblech leicht einfetten und mit Backpapier belegen.

2 Für den Teig das Mehl in eine Schüssel sieben. Die Hefe mit etwas Zucker in der Milch auflösen und mit 1 Esslöffel Mehl verrühren. In das Mehl eine Mulde drücken, Hefemilch hineingießen, dünn mit Mehl bestreuen. Ein Tuch über die Schüssel decken und den Vorteig an einem warmen Ort mindestens 30 Minuten gehen lassen, bis die Oberfläche Risse zeigt.

3 Die Zitrone waschen, abtrocknen und die Schale abreiben. Die Butter zerlassen. Butter, den restlichen Zucker, Ei, Salz und Zitronenschale zum Vorteig geben und mit dem Mehl vermengen. Gut kneten, bis der Teig glatt und geschmeidig ist und sich vom Schüsselrand löst. Abdecken und mindestens 1 Stunde gehen lassen, bis der Teig sich etwa verdoppelt hat.

4 Für den Belag die Marmelade mit etwas Wasser kurz erwärmen, glatt rühren, pürieren oder durch ein Sieb drücken. Den Backofen auf 190 °C vorheizen.

5 Den Teig auf dem Blech ausrollen, mit einer Gabel Löcher in den Boden stechen und die Marmelade darauf verstreichen.

6 Krokant, Haselnüsse, Mandeln, Zucker und Sahne verrühren und über dem Teig verteilen. Nochmals etwa 20 bis 30 Minuten gehen lassen.

7 Den Kuchen auf der mittleren Schiene des Backofens etwa 35 bis 40 Minuten backen.

Mohnschnecken

Zubereitungszeit: ca. 50 Minuten | Backzeit: ca. 35 Minuten | Foto auf Seite 47

Belag
- 1 unbehandelte Zitrone
- 1 großer Apfel
- 2 Päckchen backfertige Mohnmischung
- 200 g gehackte Walnüsse
- 1 EL Rum
- 1 Ei

Teig
- 200 g Quark (Magerstufe)
- 125 ml Milch
- 1 Ei
- 125 ml Pflanzenöl
- 100 g Zucker
- 2 Päckchen Vanillezucker
- 1 Prise Salz
- 400 g Mehl
- 2 TL Backpulver

Außerdem
- Fett für Backblech und Backrahmen
- Backpapier
- Alufolie oder Backrahmen
- Apfelgelee zum Bestreichen

1 Das Backblech leicht einfetten und mit Backpapier belegen.

2 Für den Belag die Zitrone waschen, abtrocknen und abreiben. Den Saft auspressen. Den Apfel schälen, vierteln, Kerngehäuse entfernen und raspeln, mit dem Zitronensaft beträufeln. Die Mohnmischung in einer Schüssel mit zwei Drittel der Walnüsse, Rum, Apfelraspeln und Ei gut verrühren. Die Masse muss streichfähig sein.

3 Für den Teig Quark mit Milch, Ei, Öl, Zucker, Vanillezucker und Salz verrühren. Mehl mit Backpulver mischen und nach und nach unter die Quarkmischung rühren (aber nicht zu lange, weil der Teig sonst klebt).

4 Die Arbeitsfläche gut mit Mehl bestreuen, damit der Teig sich später leichter aufwickeln lässt. Den Teig zu einem Quadrat (etwa 40 x 40 cm) ausrollen. Die Mohnfüllung darauf verstreichen, den Teig aufrollen und in etwa 2 cm dicke Scheiben schneiden.

5 Den Backofen auf 190 °C vorheizen.

6 Die Teigscheiben dachziegelartig auf dem Backblech verteilen. Sollte das Blech nicht ganz bis zum Rand ausgefüllt werden, einen mehrfach gefalteten Streifen Alufolie davor legen (oder einen Backrahmen einfetten und um die Scheiben legen). Die Schnecken auf der mittleren Schiene des Backofens etwa 35 Minuten backen. Herausnehmen, abkühlen lassen.

7 Apfelgelee mit 1 bis 2 Esslöffeln Wasser kurz erwärmen, damit es streichfähig wird, und die Schnecken damit bestreichen. Die restlichen Walnüsse darüberstreuen.

Schokoladiger Käsekuchen

Zubereitungszeit: ca. 40 Minuten | Kühlzeit: einige Stunden | Backzeit: ca. 45 Minuten

Teigboden
- 400 g Schokoladen-Cookies
- 100 g Butter

Belag
- 1 unbehandelte Zitrone
- 200 g Milchschokolade
- 500 g Frischkäse (5 % Fett)
- 150 g Mascarpone
- 2 Päckchen Vanillezucker
- 30 g Zucker
- 2 Eier
- 1 Eigelb
- ½ TL Piment- oder Nelkenpulver

Guss
- 200 g Zartbitterschokolade (75 % Kakaoanteil)
- 80 g Crème fraîche

Außerdem
- Fett für Backblech und Backrahmen
- Backpapier
- Backrahmen

1 Für den Teigboden die Schokoladen-Cookies in eine Plastiktüte geben und mit einem Rollholz zerkleinern. Die Butter zerlassen und mit den Cookiebröseln vermengen.

2 Das Backblech leicht einfetten und mit Backpapier belegen. Den Backrahmen einfetten, auf das Blech stellen (etwa 28 x 38 cm). Die Cookiemasse darin gleichmäßig verteilen und auf den Boden drücken.

3 Den Backofen auf 180 °C vorheizen.

4 Für den Belag die Zitrone waschen, abtrocknen, die Schale abreiben, den Saft auspressen. Die Schokolade im Wasserbad schmelzen.

5 Frischkäse, Mascarpone, Vanillezucker, Zucker und Zitronenschale und -saft, Eier und Eigelb gut verrühren. Die geschmolzene Schokolade mit Piment- oder Nelkenpulver untermengen. Diese Masse auf dem Cookieboden gut verteilen und glatt streichen.

6 Das Blech auf die mittlere Schiene des Backofens schieben und den Kuchen etwa 45 Minuten backen. Herausnehmen, auskühlen lassen und für einige Stunden kühl stellen.

7 Für den Guss die Schokolade zerstückeln, im warmen Wasserbad unter Rühren schmelzen, mit der Crème fraîche verrühren. Diese Creme auf dem Kuchen verteilen, glatt streichen und wieder für mindestens 1 Stunde kalt stellen. Den Backrahmen entfernen.

Pinien-Lavendel-Kuchen

Zubereitungszeit: ca. 30 Minuten | Backzeit: ca. 25 Minuten

Teig
- 200 g Pinienkerne
- 4 Eier
- 1 TL getrockneter Lavendel
- 2 unbehandelte Limetten
- 200 g weiche Butter
- 170 g Zucker
- 1 Päckchen Vanillezucker
- 200 g Sahne
- 200 g Dinkelmehl
- 200 g Mehl
- 3 TL Backpulver

Außerdem
- Fett für Backblech
- Backpapier
- 100 g Zitronengelee zum Bestreichen

1 Das Backblech leicht einfetten, mit Backpapier belegen. Die Pinienkerne in einer Pfanne ohne Fett rösten, bis sie zu duften beginnen. Den Backofen auf 180 °C vorheizen.

2 Für den Teig die Eier trennen. Die Limette waschen, abtrocknen, die Schale abreiben und den Saft auspressen. Butter mit Zucker und Vanillezucker schaumig rühren. Die Eigelbe nach und nach unterrühren, den zerdrückten Lavendel, Limettenschale und -saft mit der Sahne hinzufügen, alles zu einer glatten Masse verrühren.

3 Beide Mehle mit Backpulver mischen und in die Buttermischung rühren. Die Eiweiße sehr steif schlagen und vorsichtig unter den Teig heben. Die Pinienkerne bis auf einen kleinen Rest zuletzt unterheben.

4 Den Teig gleichmäßig auf dem Backblech verstreichen. Den Kuchen auf der mittleren Schiene des Backofens etwa 25 Minuten backen.

5 Zitronengelee mit wenig Wasser leicht erwärmen und streichfähig machen. Den Kuchen aus dem Ofen nehmen und noch warm mit dem Zitronengelee überziehen und mit den restlichen Pinienkernen bestreuen.

Samtiger Schokoladenkuchen

Zubereitungszeit: ca. 40 Minuten | Backzeit: ca. 35 Minuten | Foto auf Seite 53

Teig

- 250 g weiche Butter
- 300 g Vollrohrzucker oder brauner Zucker
- 2 Päckchen Vanillezucker
- 6 Eier
- 500 g Mehl
- 2 TL Backpulver
- 80 g Kakao
- 200 ml Mineralwasser
- 250 g Schmand

Belag

- 1 unbehandelte Zitrone
- 200 g Zartbitter-schokolade
- 120 g Butter
- 2 Päckchen Vanillezucker
- 150 g Schmand

Außerdem

- Fett für Backblech und Backrahmen
- Backpapier
- Backrahmen

1 Das Backblech leicht einfetten und mit Backpapier belegen. Den Backrahmen einfetten und auf das Blech stellen. Den Backofen auf 180 °C vorheizen.

2 Für den Teig die Butter mit Zucker und Vanillezucker schaumig rühren. Die Eier nach und nach einzeln unterrühren.

3 Das Mehl mit Backpulver und Kakao mischen, zur Buttermasse geben, das Mineralwasser und den Schmand hinzufügen und alles gut verrühren. Den Teig in den Rahmen gießen, verstreichen. Das Blech auf die mittlere Schiene des Backofens schieben und den Boden etwa 35 Minuten backen. Herausnehmen und auskühlen lassen.

4 Für den Belag die Zitrone waschen, abtrocknen, die Schale abreiben, Saft auspressen. Die Schokolade in Stücke brechen. In einem warmen Wasserbad mit der Zitronenschale und 1 Esslöffel Zitronensaft schmelzen. Butter, Vanillezucker und Schmand hinzufügen. Erkalten lassen, dabei mehrmals umrühren.

5 Wenn die Creme beginnt, fester zu werden, auf den Teigboden streichen und richtig fest werden lassen. Den Backrahmen lösen und den Kuchen kühl stellen.

Linzer Schnitten

Zubereitungszeit: ca. 40 Minuten | Kühlzeit: ca. 30 Minuten | Backzeit: ca. 1 Stunde | Foto auf Seite 53

Teig

1 unbehandelte Zitrone
360 g gemahlene Haselnüsse
400 g Mehl
500 g Butter
200 g Puderzucker
1 Päckchen Vanillezucker
2 Eier
½ TL Zimtpulver
½ TL Nelkenpulver

Belag

300 g Johannisbeerkonfitüre
1 Eigelb
1 EL Milch

Außerdem

Fett für Backblech
Backpapier

1 Für den Teig die Zitrone waschen, abtrocknen, die Schale abreiben. Die Nüsse und das Mehl auf die Arbeitsfläche schütten. Die Butter in Stückchen geschnitten darüber verteilen. Darauf den Puderzucker sieben, Vanillezucker, Eier, Gewürze und Zitronenschale hinzufügen. Alles rasch zu einem festen Teig verkneten. In Folie gewickelt kühl stellen.

2 Das Backblech leicht einfetten, mit Backpapier belegen. Den Backofen auf 190 °C vorheizen.

3 Zwei Drittel des Teigs in Größe des Backblechs ausrollen. Auf das Backblech legen. Die Konfitüre mit wenig Wasser erwärmen und streichfähig machen. Den Teigboden damit bestreichen.

4 Den restlichen Teig ausrollen, mit einem Teigrädchen oder Messer in etwa 2 cm breite Streifen schneiden und diese wie ein Gitter über den Kuchen legen. Eigelb mit Milch verrühren und die Teigstreifen damit bepinseln.

5 Den Kuchen auf der mittleren Schiene des Backofens 10 Minuten anbacken, dann die Temperatur auf 160 °C reduzieren und die Linzer Schnitten in weiteren 50 Minuten fertig backen.

Puddingkuchen mit Krokant

Zubereitungszeit: ca. 90 Minuten | Kühlzeiten: ca. 3 Stunden | Backzeit: ca. 30 Minuten

Krokant
- 3 EL Butter
- 100 g Zucker
- 200 g grob gehackte Walnüsse
- 1 TL Öl (oder 300 g fertigen Krokant)

Creme
- 2 Päckchen Vanillepuddingpulver
- 1 l Milch
- 30 g Zucker
- 50 g Butter
- 75 g Puderzucker

Teig
- 1 unbehandelte Zitrone
- 250 g weiche Butter
- 200 g Zucker
- 1 Päckchen Vanillezucker
- 1 Prise Salz
- 4 Eier
- 350 g Mehl
- 1 TL Backpulver
- 100 g gemahlene Walnüsse

Außerdem
- Fett für Backblech
- Backpapier
- Ahornsirup zum Bestreichen

1 Für den Krokant Butter zerlassen, Zucker hinzufügen und verrühren (aufpassen, dass er nicht zu dunkel wird). Die Walnüsse in die Zuckermasse geben und gut verrühren. Einen Backrost mit Alufolie belegen, mit Öl bepinseln, die Nussmasse darauf verstreichen, abkühlen lassen. Die Masse dann in grobe Stücke brechen, in eine Plastiktüte geben und mit einem Rollholz zerdrücken.

2 Für die Creme den Vanillepudding nach Packungsvorschrift mit Milch und Zucker kochen, abkühlen lassen. Ab und an rühren, damit sich keine Haut bildet oder mit Klarsichtfolie bedecken.

3 Das Backblech leicht einfetten und mit Backpapier belegen. Den Backofen auf 180 °C vorheizen.

4 Für den Teig die Zitrone waschen, abtrocknen und die Schale abreiben. Die Butter mit Zucker, Vanillezucker, Salz und Zitronenschale zu einer cremigen Masse verrühren. Die Eier nach und nach unterrühren, dann das mit Backpulver vermischte Mehl und die Walnüsse unterrühren. Den Teig auf dem Blech verstreichen und auf der mittleren Schiene des Backofens goldbraun backen. Herausnehmen und abkühlen lassen.

5 Butter und Puderzucker schaumig rühren und mit dem Pudding vermengen. Den ausgekühlten Boden quer in zwei Teile schneiden. Eine Hälfte mit Ahornsirup bestreichen, ein Drittel der Crememasse darauf verteilen, mit der zweiten Teighälfte belegen und darüber die restliche Creme verstreichen, mit dem Krokant bestreuen. Den Kuchen kühl stellen.

Fruchtig und frisch

Sauerkirsch-Hefekuchen

Zubereitungszeit: ca. 45 Minuten | Zieh- und Gehzeiten: ca. 5 Stunden | Backzeit: ca. 30 Minuten

Belag
- 2 kg Sauerkirschen (oder 2 Gläser Sauerkirschen à 720 ml))
- 150 g Zucker
- 14 Löffelbiskuits
- 100 g gehackte Haselnüsse

Teig
- 500 g Mehl
- 25 g Hefe
- 200 ml lauwarme Milch
- 70 g Zucker
- 30 g Vanillezucker
- 100 g Butter
- 1 Prise Salz
- 2 Eier

Guss
- 1 Zitrone
- 150 ml Kirschsaft
- ½ TL Ingwerpulver
- 2 TL Speisestärke

Außerdem
- Fett für Backblech
- Backpapier
- Spritzbeutel mit Lochtülle

1 Für den Belag die frischen Kirschen waschen, entsteinen. In einer Schüssel mit dem Zucker vermengen und 3 Stunden ziehen lassen. Die Löffelbiskuits zerdrücken. Die Haselnüsse in einer Pfanne ohne Fett rösten, bis sie zu duften beginnen. Mit den Biskuitbröseln vermengen.

2 Das Backblech leicht einfetten und mit Backpapier belegen.

3 Für den Teig das Mehl in eine Schüssel sieben, in die Mitte eine Mulde drücken. Die Hefe in der Milch auflösen und mit 1 Esslöffel Zucker und 1 Esslöffel Mehl verrühren und in die Mulde gießen, dünn mit Mehl bestreuen. Abdecken und den Vorteig an einem warmen Ort mindestens 30 Minuten gehen lassen, bis die Oberfläche Risse zeigt.

4 Die Butter zerlassen. Den restlichen Zucker und Vanillezucker, Salz, Eier und die Butter zum Vorteig geben und mit dem Mehl vermengen, gut kneten, bis sich der Teig vom Schüsselrand löst. Den Teig auf dem Blech ausrollen, mit einem Tuch bedecken und erneut gehen lassen. Den Backofen auf 180 °C vorheizen.

5 Die Kirschen abtropfen lassen, den Saft auffangen. Den Teig mit den Biskuitbröseln bestreuen, dicht mit den Kirschen belegen und nochmals mindestens 15 Minuten gehen lassen. Den Kuchen dann auf die mittlere Schiene des Backofens schieben und etwa 30 Minuten backen.

6 Für den Guss die Zitrone auspressen. Mit Kirschsaft, Ingwerpulver und Zitronensaft aufkochen. Die Stärke in wenig kaltem Wasser verrühren, mit etwas Kirschsaft vermengen und zu der Gesamtmenge gießen, verrühren und nochmals aufkochen und abkühlen lassen. Über den noch warmen Kuchen streichen.

Apfel-Marzipan-Kuchen

Zubereitungszeit: ca. 75 Minuten | Backzeit: ca. 40 Minuten

Belag
- 2 unbehandelte Zitronen
- 20 g Speisestärke
- 200 g Marzipan-rohmasse
- 200 g Sahne
- 3 Eier
- 1,5 kg Äpfel (Braeburn oder Cox Orange)
- 100 g gehackte Walnüsse

Teig
- 250 g weiche Butter
- 150 g Zucker
- 1 Päckchen Vanillezucker
- 1 EL Calvados oder Apfelsaft
- 1 Prise Salz
- 3 Eier
- 300 g Mehl
- 1 TL Backpulver
- 150 g gemahlene Walnüsse

Außerdem
- Fett für Backblech
- Backpapier

1 Das Backblech leicht einfetten und mit Backpapier belegen.

2 Für den Belag die Zitronen waschen, abtrocknen und die Schale abreiben. Den Saft auspressen. Die Stärke in wenig Wasser glatt rühren. Marzipan würfeln und mit der Sahne in einem Topf aufkochen lassen und rühren, bis es sich aufgelöst hat, abkühlen lassen. Dann nach und nach die Eier, Zitronenschale und aufgelöste Stärke unterrühren.

3 Die Äpfel schälen und vierteln, Kerngehäuse entfernen. Die Wölbung der Apfelviertel spaltenartig ein-, aber nicht durchschneiden. Mit Zitronensaft beträufeln.

4 Für den Teig die Butter mit Zucker, Vanillezucker, Calvados oder Saft sowie Salz gut verrühren, die Eier nach und nach hinzufügen. Das Mehl mit dem Backpulver in die Buttermischung sieben, die Walnüsse hinzufügen und alles gut vermengen.

5 Den Teig gleichmäßig auf dem Backblech verstreichen und die Marzipanmasse darüber verteilen.

6 Den Backofen auf 190 °C vorheizen.

7 Die Äpfel mit der Wölbung nach oben auf die Marzipanmasse geben und mit den gehackten Walnüssen bestreuen.

8 Den Kuchen auf der mittleren Schiene des Backofens etwa 40 Minuten backen, bis die Oberfläche goldgelb gebräunt ist.

Aprikosenkuchen mit Mohn

Zubereitungszeit: ca. 50 Minuten | Backzeit: ca. 25 Minuten | Foto auf Seite 63

Teig

- 2 feste Birnen
- 2 EL Zitronensaft
- 180 g weiche Butter
- 130 g Zucker
- 1 Päckchen Vanillezucker
- ½ TL Ingwerpulver
- 4 Eier
- 130 g Mehl
- 1 TL Backpulver
- 200 g gemahlener Mohn

Belag

- 800 g reife, feste Aprikosen

Guss

- 200 g Aprikosenmarmelade

Außerdem

- Butter für Backblech und Backrahmen
- Backrahmen

1 Für den Teig die Birnen schälen, vierteln, entkernen, grob raspeln und mit Zitronensaft beträufeln.

2 Die Butter mit Zucker und Vanillezucker cremig rühren. Ingwerpulver hinzufügen und nach und nach die Eier unterrühren. Mehl mit Backpulver mischen, mit dem Mohn in die Buttermasse geben und gründlich vermengen. Zuletzt die Birnenraspel in den Teig mischen.

3 Den Backofen auf 180 °C vorheizen.

4 Das Backblech sehr gut mit Butter bestreichen, ebenso den Backrahmen und diesen auf das Blech stellen (ca. 28 x 38 cm). Den Teig einfüllen, glatt streichen und den Boden auf der mittleren Schiene des Backofens etwa 25 Minuten backen. Herausnehmen und abkühlen lassen.

5 Für den Belag die Aprikosen in einer Schüssel mit kochendem Wasser übergießen, kurz blanchieren, abkühlen lassen und die Haut abziehen. Die Früchte halbieren, Kerne entfernen und die Rundung fächerförmig ein-, aber nicht durchschneiden.

6 Den abgekühlten Boden mit den Aprikosenhälften belegen und diese dabei etwas auseinanderziehen.

7 Für den Guss die Marmelade mit 2 Esslöffeln Wasser verrühren und etwas erwärmen. Dann pürieren oder durch ein Sieb drücken. Mit einem Pinsel über den Früchten verteilen und fest werden lassen. Den Backrahmen vom Rand lösen und den Kuchen auf eine Servierplatte heben.

Stachelbeerkuchen mit Kokoscreme

Zubereitungszeit: ca. 40 Minuten | Backzeit: ca. 40 Minuten | Foto auf Seite 63

Belag

- 1 unbehandelte Limette
- 130 g Butter
- 90 g Ahornsirup
- 70 ml ungesüßte Kokosmilch
- 200 g Kokosraspel
- 2 Eier
- 800 g Stachelbeeren
- 50 g Puderzucker

Teig

- 200 g Quark (Magerstufe)
- ⅛ l Milch
- 1 Ei
- ⅛ l Pflanzenöl
- 100 g Zucker
- 2 Päckchen Vanillezucker
- 1 Prise Salz
- 400 g Mehl
- 2 TL Backpulver

Außerdem

- Fett für Backblech und Backrahmen
- Backpapier
- Backrahmen
- Kokoschips zum Bestreuen

1 Für den Belag die Limette waschen, abtrocknen und die Schale abreiben. Die Butter in einem Topf zerlassen, mit Sirup und Kokosmilch verrühren und abkühlen lassen. Die Kokosraspel untermengen und nach und nach die Eier hinzufügen und gut verrühren.

2 Die Stachelbeeren waschen, trocken schwenken und halbieren. Mit etwas Puderzucker bestreuen.

3 Für den Teig den Quark mit Milch, Ei, Öl, Zucker, Vanillezucker und Salz verrühren. Mehl mit Backpulver mischen und nach und nach unter die Quarkmischung rühren (aber nicht zu lange, weil der Teig sonst klebt).

4 Das Backblech leicht einfetten, mit Backpapier belegen. Den Backrahmen ebenfalls einfetten. Den Backofen auf 180 °C vorheizen.

5 Den Teig auf dem Blech ausrollen und den Rahmen darum stellen (etwa 28 x 38 cm). Die Stachelbeeren gleichmäßig verteilen und die Butter-Kokos-Masse darüber verstreichen.

6 Den Kuchen auf der mittleren Schiene in den Backofen schieben und etwa 40 Minuten backen. Abkühlen lassen. Den Backrahmen entfernen. Den Kuchen vor dem Servieren mit Kokoschips bestreuen.

Feiner Apfelkuchen

Zubereitungszeit: ca. 50 Minuten | Backzeit: ca. 45 Minuten

Teig
- 1 unbehandelte Zitrone
- 1 Vanilleschote
- 250 g Butter
- 250 g Mehl
- 3 TL Backpulver
- 180 g Zucker
- 4 Eier
- 1 Prise Salz
- ¼ l Milch
- 800 g Äpfel (Cox Orange oder Braeburn)

Außerdem
- Fett für Backblech und Backrahmen
- Backpapier
- Backrahmen

1 Für den Teig die Zitrone waschen, abtrocknen, die Schale abreiben, Saft auspressen. Die Vanilleschote aufschlitzen, das Mark herauskratzen. Die Butter schmelzen.

2 Die Äpfel schälen, vierteln, vom Kerngehäuse befreien, mit Zitronensaft beträufeln.

3 Das Backblech leicht einfetten und mit Backpapier belegen. Den Backrahmen ebenfalls einfetten. Den Backofen auf 190 °C vorheizen.

4 Das Mehl mit dem Backpulver in eine Schüssel sieben, Zucker, Eier, das flüssige Fett, Vanillemark, Salz, Milch und Zitronenschale mit dem Schneebesen zum Mehl geben und zu einem glatten Teig rühren.

5 Die Apfelviertel schnitzeln (geht am besten mit einem Gurkenhobel) und in den Teig rühren.

6 Den Backrahmen auf das Blech stellen (ca. 28 x 38 cm), den Teig einfüllen, glatt streichen und den Kuchen auf der mittleren Schiene des Backofens etwa 40 bis 45 Minuten backen, bis die Oberfläche goldgelb ist. Nach 30 Minuten eventuell mit Backpapier abdecken, damit der Kuchen nicht zu dunkel wird.

7 Dieser Kuchen schmeckt lauwarm am besten. Dazu schmeckt halbsteif geschlagene Sahne oder Vanillesauce (siehe Seite 100).

Zwetschgen-Käse-Kuchen mit Zimtstreuseln

Zubereitungszeit: ca. 1 Stunde | Backzeit: ca. 45 Minuten

Belag
- 1 unbehandelte Zitrone
- 750 g Zwetschgen
- 2 Eier
- 500 g Quark (20 % Fett)
- 150 g Zucker
- 1 Päckchen Vanillezucker
- 1 EL Rum

Streusel
- 100 g Butter
- 130 g Mehl
- ½ Päckchen Vanillepuddingpulver
- 50 g Puderzucker
- ½ TL Zimtpulver

Teig
- 4 Eier
- 200 g weiche Butter
- 200 g Zucker
- 1 Päckchen Vanillezucker
- 400 g Mehl
- 1 TL Backpulver
- 2 EL Keksbrösel

Außerdem
- Fett für Backblech
- Backpapier

1 Für den Belag die Zitrone waschen, abtrocknen, die Schale abreiben und den Saft auspressen. Zwetschgen waschen, halbieren und entsteinen. Die Eier trennen. Den Quark mit Zucker, Vanillezucker, Rum, den Eigelben sowie Zitronenschale und -saft gut verrühren. Die Eiweiße steif schlagen und unter die Quarkmasse heben.

2 Für die Streusel Butter zerlassen. Mehl mit Puddingpulver mischen und mit Butter, Puderzucker und Zimt am besten mit der Hand zu Streuseln krümeln.

3 Das Backblech leicht einfetten und mit Backpapier belegen. Den Backofen auf 180 °C vorheizen.

4 Für den Teig die Eier trennen. Butter, Zucker und Vanillezucker möglichst schaumig rühren. Nach und nach die Eigelbe untermengen. Das Mehl mit dem Backpulver vermischen, in die Buttermasse sieben und verrühren. Die Eiweiße steif schlagen, vorsichtig unterheben und den Teig auf das Backblech streichen, mit Keksbröseln bestreuen. Die Quarkmasse darüber verteilen, mit Zwetschgen belegen und die Streusel darüber verteilen.

5 Den Kuchen auf der mittleren Schiene des Backofens etwa 45 Minuten backen, bis die Streusel goldgelb sind.

Aprikosen-Nuss-Kuchen

Zubereitungszeit: ca. 50 Minuten | Backzeit: ca. 30 Minuten

Teig

300 g Mehl
300 g gemahlene Walnüsse oder Haselnüsse
1 Prise Salz
150 g Zucker
5 Päckchen Vanillezucker
400 g kalte Butter

Belag

1,5 kg reife Aprikosen
2 Päckchen Vanillepuddingpulver
1 l Milch
60 g Zucker

Außerdem

Butter für Backblech und Backrahmen
150 g Aprikosenmarmelade zum Bestreichen

1 Für den Teig das Mehl auf einer Arbeitsplatte mit Nüssen, Salz, Zucker und Vanillezucker vermengen. Die Butter in Stückchen schneiden, auf dem Mehl verteilen. Ins Mehl eine Mulde drücken und 2 bis 4 Esslöffel kaltes Wasser hineingeben. Alles rasch mit kalten Händen verkneten, kleine Butterstückchen dürfen noch zu sehen sein. Den Teig in Folie wickeln und kühl stellen.

2 Das Backblech gut mit Butter bestreichen. Den Backofen auf 180 °C vorheizen.

3 Für den Belag die Aprikosen waschen, halbieren und die Kerne entfernen. Puddingpulver nach Anweisung mit Milch und Zucker zubereiten, aber auf keinen Fall mehr Milch als angegeben nehmen, damit der Pudding fest bleibt.

4 Den Mürbteig in Blechgröße nicht zu dünn ausrollen, auf das Blech legen und den Backrahmen passend darauf stellen, überstehende Ränder abschneiden. Die Vanillecreme auf dem Teig glatt verstreichen und darüber die Aprikosenhälften gleichmäßig verteilen.

5 Den Kuchen auf der mittleren Schiene des Backofens etwa 25 bis 30 Minuten backen. Der Kuchen sollte schön hellbraun werden.

6 Den Kuchen herausnehmen und abkühlen lassen. Die Aprikosenmarmelade mit wenig Wasser erwärmen, damit sie streichfähig wird, dann pürieren oder durch ein Sieb drücken und den Kuchen damit bestreichen.

Himbeerschnitten mit Krokant

Zubereitungszeit: ca. 50 Minuten | Kühlzeit: ca. 3 Stunden | Backzeit: ca. 12 Minuten

Teig
- 200 g Schokoladen-zwieback
- 200 g fertiger Krokant
- 4 Eier
- 75 g Zucker
- 2 Päckchen Vanillezucker
- 60 g Mehl
- 20 g Speisestärke
- 1 TL Backpulver
- 2 EL Kakao

Belag
- 500 g frische oder tief-gefrorene Himbeeren
- 200 g Himbeergelee
- 1 EL Himbeergeist
- 600 g Sahne
- 2 Päckchen Sahnesteif

Außerdem
- Fett für Backblech
- Backpapier
- Backrahmen
- 1 Küchenhandtuch
- 200 g frische Himbeeren zum Garnieren

1 Das Backblech leicht einfetten und mit Backpapier belegen. Den Zwieback in einer Plastiktüte mit dem Rollholz zerkleinern und mit dem Krokant mischen.

2 Für den Teig die Eier trennen. Die Eigelbe mit 2 Esslöffeln heißem Wasser schaumig schlagen, dabei nach und nach Zucker und Vanillezucker einrieseln lassen.

3 Mehl mit Stärke, Backpulver und Kakao mischen und mit der Zwieback-Krokant-Mischung unter die Eicreme rühren.

4 Den Backofen auf 190 °C vorheizen.

5 Die Eiweiße steif schlagen und vorsichtig unter die Ei-Mehl-Mischung heben. Den Teig auf dem Backblech über den Bröseln glatt verstreichen, dann auf die mittlere Schiene des Backofens schieben und in etwa 10 bis 12 Minuten hellgelb backen.

6 Das Küchenhandtuch anfeuchten. Den fertigen Teig darauf stürzen, abkühlen lassen, das Backpapier abziehen, wenn das nicht leicht geht, das Papier mit Wasser bepinseln, etwas warten und erneut versuchen. Den Boden quer halbieren.

7 Eine Hälfte auf eine passende Kuchenplatte legen, den Backrahmen darum stellen und den Boden mit den Himbeeren belegen. Himbeergelee und -geist kurz erwärmen, bis es streichfähig ist, und die Himbeeren damit überziehen.

8 Die Sahne steif schlagen, Sahnesteif einrieseln lassen und zwei Drittel der Sahne über den Himbeeren verteilen. Die zweite Bodenhälfte darüberlegen und etwas andrücken. Mit der restlichen Sahne bestreichen und mit Himbeeren garnieren. Den Kuchen kalt stellen. Den Backrahmen entfernen.

Johannisbeerkuchen mit Baiserhaube

Zubereitungszeit: ca. 45 Minuten | Kühlzeit: ca. 1 Stunde | Backzeit: ca. 40 Minuten | Foto auf Seite 73

Teig
- 300 g Mehl
- 75 g gemahlene Hasel- oder Walnüsse
- 120 g Zucker
- 1 Päckchen Vanillezucker
- 1 Prise Salz
- 1 Eigelb
- 190 g kalte Butter

Belag
- je 400 g rote und schwarze Johannisbeeren
- 300 g gemahlene Hasel- oder Walnüsse
- 150 g Puderzucker
- 2 EL Obstgeist oder Obstsaft
- ¼ TL Zimtpulver

Baiserhaube
- 4 Eiweiße
- 100 g Zucker

Außerdem
- Butter für Backblech

1 Für den Teig Mehl und Nüsse mischen. Auf eine Arbeitsplatte geben, Zucker, Vanillezucker, Salz, Eigelb und 1 bis 2 Esslöffel kaltes Wasser hinzufügen. Die Butter in Stückchen schneiden und über dem Rand verteilen. Alles rasch zu einem glatten Teig verkneten, kleine Butterstückchen dürfen noch zu sehen sein. In Folie gewickelt kühl stellen.

2 Für den Belag die Johannisbeeren waschen und von den Stielen zupfen. Nüsse, Puderzucker, Obstgeist oder -saft mit Zimt mischen. und mit den Johannisbeeren vermengen.

3 Den Backofen auf 220 °C vorheizen. Das Backblech gut mit Butter bestreichen.

4 Den Teig in Blechgröße ausrollen, auf das Blech legen, mehrmals mit einer Gabel einstechen. Die Nussmasse darauf verstreichen. Den Teig auf der mittleren Schiene des Backofens etwa 20 Minuten backen. Herausnehmen und abkühlen lassen.

5 Die Backofentemperatur auf 190 °C reduzieren.

6 Für die Baiserhaube die Eiweiße steif schlagen, dabei nach und nach den Zucker einrieseln lassen, zuletzt die Johannisbeeren vorsichtig unterheben. Die Masse auf den Teig streichen. Den Kuchen erneut auf der mittleren Schiene des Backofens 20 Minuten backen.

Erdbeerschnitten mit Cassis

Zubereitungszeit: ca. 50 Minuten | Backzeit: ca. 30 Minuten | Foto auf Seite 73

Teig
- 1 unbehandelte Zitrone
- 300 g Mehl
- 50 g Speisestärke
- 50 g gemahlene Mandeln
- 2 TL Backpulver
- 1 Prise Salz
- 180 g Zucker
- 1 Päckchen Vanillezucker
- 250 g weiche Butter
- 6 Eier

Belag
- 1 kg Erdbeeren
- 600 g Sahne
- 4 EL Zucker
- 3 Päckchen Sahnesteif
- 3 EL Cassis (Johannisbeerlikör)
- 150 g Johannisbeergelee

Außerdem
- Fett für Backblech und Backrahmen
- Backpapier
- Backrahmen
- 1 Küchenhandtuch

1 Das Backblech leicht einfetten und mit Backpapier belegen. Den Backofen auf 180 °C vorheizen.

2 Für den Teig die Zitrone waschen, abtrocknen, die Schale abreiben, den Saft auspressen. Das Mehl mit Zitronenschale, Stärke, Mandeln, Backpulver, Salz, Zucker und Vanillezucker in einer Schüssel mischen.

3 1 Esslöffel Zitronensaft, Butter und Eier hinzufügen und alles zu einem glatten Teig verrühren. Auf das Backblech streichen und den Boden auf der mittleren Schiene des Backofens etwa 30 Minuten backen. Herausnehmen und abkühlen lassen. Den Boden auf ein Küchenhandtuch stürzen und das Backpapier entfernen; wenn das nicht leicht geht, mit Wasser bepinseln, etwas warten und erneut versuchen.

4 Den Boden wieder auf das Blech legen, den Rahmen darum stellen.

5 Für den Belag die Erdbeeren waschen, Stiele entfernen und halbieren. Die Sahne steif schlagen, dabei den Zucker und Sahnesteif einrieseln lassen, zuletzt Cassis unterrühren. Die Cassiscreme auf dem Tortenboden verstreichen und kühl stellen.

6 Wenn die Creme fest ist, den Kuchen gleichmäßig mit den Erdbeeren belegen. Gelee mit 1 Esslöffel Wasser leicht erwärmen, bis es streichfähig wird und die Erdbeeren damit bestreichen. Den Backrahmen lösen.

Weintraubenkuchen

Zubereitungszeit: ca. 1 Stunde | Backzeit: ca. 30–35 Minuten

Füllung
- 1 kg kernlose blaue Weintrauben
- 3 EL Weißwein
- 100 g Zucker
- ½ TL Nelkenpulver
- 15 g Speisestärke

Teig
- 1 Zitrone
- 250 g Frischkäse
- ⅛ l Milch
- ⅛ l Pflanzenöl
- 100 g Zucker
- 1 Päckchen Vanillezucker
- 1 Prise Salz
- 450 g Mehl
- 2 TL Backpulver
- 2 EL Keksbrösel

Belag
- 100 g Butter
- 110 g Zucker
- 1 Päckchen Vanillezucker
- 200 g Mandelblättchen

Außerdem
- Fett für Backblech und Backrahmen
- Backpapier
- Backrahmen
- 3 EL Biskuitbrösel zum Bestreuen

1 Das Backblech leicht einfetten und mit Backpapier belegen. Den Backrahmen einfetten und auf das Blech stellen.

2 Für die Füllung die Trauben waschen, putzen und halbieren. Weißwein mit 6 Esslöffel Wasser, Zucker und Nelkenpulver aufkochen. Speisestärke mit 4 bis 6 Esslöffeln Wasser verrühren, in die Weinmasse gießen, aufkochen lassen. Die Weintrauben hinzufügen, unterrühren und abkühlen lassen.

3 Für den Teig die Zitrone waschen, abtrocknen, die Schale abreiben. Beides mit Frischkäse, Milch, Öl, Zucker, Vanillezucker und Salz verrühren. Mehl und Backpulver mischen, über die Frischkäsemasse sieben und alles verkneten.

4 Den Backofen auf 180 °C vorheizen.

5 Für den Belag die Butter zerlassen, Zucker, Vanillezucker und Mandelblättchen einrühren und erhitzen, bis der Zucker geschmolzen ist.

6 Den Teig in Backblechgröße ausrollen und halbieren. Eine Hälfte auf das Backblech legen, mit Bröseln bestreuen und den Backrahmen um den Teig stellen. Die Weintrauben auf dem Teig verteilen. Die zweite Teighälfte darauflegen und mit Mandelbutter bestreichen. Den Kuchen auf der mittleren Schiene des Backofens etwa 30 bis 35 Minuten backen.

Mohnkuchen mit Birnen

Zubereitungszeit: ca. 1 Stunde | Backzeit: ca. 40–45 Minuten

Belag
- 1 Zitrone
- ca. 1 kg reife Birnen
- 150 g Preiselbeermarmelade

Teig
- 250 g weiche Butter
- 180 g Zucker
- 1 Päckchen Vanillezucker
- 4 Eier
- 1 Packung backfertige Mohnmischung
- 500 g Mehl
- 2 TL Backpulver
- ¼ l Milch

Außerdem
- Fett für Backblech
- Backpapier
- 100 g Apfelgelee

1 Für den Belag die Zitrone waschen, abtrocknen, die Schale abreiben, den Saft auspressen. Die Birnen schälen, halbieren, die Kerne herausschneiden. Die Birnen mit dem Zitronensaft beträufeln.

2 Das Backblech leicht einfetten, mit Backpapier belegen. Den Backofen auf 180 °C vorheizen.

3 Für den Teig Butter mit Zucker und Vanillezucker weißcremig rühren, nach und nach die Eier hinzufügen, gut vermengen, Mohn und Zitronenschale unterrühren. Mehl mit Backpulver mischen und mit der Milch nach und nach in den Teig geben, glatt verrühren und auf dem Backblech verstreichen.

4 Die Birnenhälften mit der Öffnung nach oben gleichmäßig auf dem Teig verteilen. Jeweils 1 bis 2 Teelöffel Marmelade in die Öffnungen füllen.

5 Den Kuchen auf der mittleren Schiene des Backofens etwa 40 bis 45 Minuten backen. Apfelgelee mit etwas Wasser erwärmen und streichfähig machen. Den abgekühlten Kuchen damit überziehen.

Goldgelber Rhabarberkuchen

Zubereitungszeit: ca. 40 Minuten | Backzeit: ca. 35–40 Minuten

Teig
- 250 g weiche Butter
- 180 g Zucker
- 1 Päckchen Vanillezucker
- 4 Eigelbe
- 250 g Mehl
- 3 TL Backpulver
- 100 g Speisestärke
- 1 Prise Salz
- 4 EL Milch

Belag
- 1,5 kg Rhabarber
- 5 Eiweiße
- 200 g Zucker
- 1 Päckchen Vanillezucker

Außerdem
- Fett für Backblech
- Backpapier

1 Das Backblech leicht einfetten und mit Backpapier belegen. Den Backofen auf 180 °C vorheizen.

2 Für den Teig die Butter mit Zucker und Vanillezucker schaumig rühren, nach und nach die Eigelbe hinzufügen und verrühren. Mehl mit Backpulver und Stärke über die Buttermasse sieben und mit Salz und Milch zu einem glatten Teig verrühren und auf dem Backblech verstreichen.

3 Für den Belag den Rhabarber waschen, oben und unten ein Stück abschneiden, schälen und in 2 cm große Stücke schneiden. Gleichmäßig über dem Teig verteilen. Den Kuchen auf der mittleren Schiene des Backofens etwa 30 Minuten backen, herausnehmen und auskühlen lassen.

4 Die Backofentemperatur auf 225 °C erhöhen. Die Eiweiße steif schlagen, dabei Zucker und Vanillezucker einrieseln lassen. Die Eiweißmasse auf dem abgekühlten Kuchen verstreichen und den Kuchen nochmals 5 bis 10 Minuten backen, bis die Oberfläche goldgelb geworden ist.

Biskuitrolle mit Heidelbeeren

Zubereitungszeit: ca. 50 Minuten | Backzeit: ca. 10–12 Minuten

Teig

1 unbehandelte Zitrone
5 Eier
130 g Zucker
1 Päckchen Vanillezucker
150 g Mehl
½ TL Backpulver

Belag

300 g frische oder tiefgefrorene Heidelbeeren
400 g Sahne
2 Päckchen Sahnesteif
1 Päckchen Vanillezucker

Außerdem

Fett für Backblech
Backpapier
1 Küchenhandtuch
Puderzucker zum Bestäuben

1 Das Backblech leicht einfetten und mit Backpapier belegen. Den Backofen auf 200 °C vorheizen.

2 Für den Teig die Zitrone waschen, abtrocknen und die Schale abreiben. Die Eier trennen.

3 Die Eiweiße steif schlagen, dabei nach und nach den Zucker einrieseln lassen. Die Eigelbe auf den Eischnee geben, die Zitronenschale hinzufügen. Mehl und Backpulver darübersieben und mit einem Schneebesen vorsichtig unterheben.

4 Den Teig auf dem Backblech glatt verstreichen und auf der mittleren Schiene des Backofens etwa 10 bis 12 Minuten goldgelb backen. Das Küchenhandtuch anfeuchten. Den Teig darauf stürzen und das Papier vorsichtig abziehen; wenn das nicht leicht geht, das Papier mit Wasser bepinseln, etwas warten und erneut versuchen. Den Biskuit mit dem Tuch locker aufrollen und auskühlen lassen.

5 Für den Belag die tiefgefrorenen Heidelbeeren auftauen, frische abbrausen und verlesen. Die Sahne steif schlagen, dabei Sahnesteif und Vanillezucker einrieseln lassen. Zuletzt die Beeren unterheben.

6 Die Teigroulade entrollen, mit der Heidelbeersahne bestreichen, dabei 2 cm an den Rändern freilassen, damit nicht zu viel ausläuft, und wieder – ohne Tuch – aufrollen. Vor dem Servieren mit Puderzucker bestäuben.

Verführerisch exotisch

Dattel-Gewürzkuchen

Zubereitungszeit: ca. 45 Minuten | Backzeit: ca. 50 Minuten | Foto auf Seite 85

Teig

- 1 unbehandelte Zitrone
- 1 Stück frischer Ingwer, ca. 3 cm
- 250 g entkernte Datteln
- 6 Eier
- 100 g Zucker
- 2 Päckchen Vanillezucker
- 300 g Dinkelmehl
- ½ TL Backpulver
- 50 g weiche Butter
- ½ TL Lebkuchengewürz oder Zimtpulver
- 2 EL Kakao
- 150 g Sahne
- 100 g grob gehackte Walnüsse

Außerdem

- Fett für Backblech
- Backpapier

1 Die Zitrone waschen, abtrocknen und die Schale abreiben. Ingwer schälen und sehr klein würfeln. Die Datteln grob zerhacken.

2 Das Backblech leicht einfetten und mit Backpapier belegen. Den Backofen auf 180 °C vorheizen.

3 Die Datteln mit Eiern, Zucker, Vanillezucker und Ingwer vermengen. Dinkelmehl, Backpulver, Butter, Lebkuchengewürz oder Zimt, Kakao, Sahne und Zitronenschale hinzufügen und alles gründlich vermengen.

4 Den Teig auf dem Backblech verstreichen und die Walnüsse darüberstreuen. Den Kuchen auf der mittleren Schiene des Backofens etwa 50 Minuten backen. Abgekühlt mit Vanillesauce (siehe Seite 100) oder Vanilleeis servieren.

Ingwer-Walnuss-Ecken

Zubereitungszeit: ca.1 Stunde | Kühlzeit: ca. 1 Stunde | Backzeit: ca. 20 Minuten | Foto auf Seite 85

Teig
- 200 g Dinkelmehl
- 200 g Mehl 550
- 1 Prise Salz
- 3 Päckchen Vanillezucker
- 40 g Zucker
- 2 Eier
- 250 g kalte Butter

Belag
- 150 g Zitronat
- 150 g Ingwermarmelade
- 125 g Butter
- 50 g Zucker
- 6 EL Sahne
- 200 g gehackte Walnüsse

Außerdem
- Fett für Backblech
- Backpapier
- Kuvertüre zum Garnieren

1 Für den Teig beide Mehlsorten auf die Arbeitsfläche sieben, mit Salz, Vanillezucker und Zucker mischen. In die Mitte eine Vertiefung drücken, die Eier hineingeben. Die Butter in Stückchen schneiden und auf dem Rand verteilen. Alles mit einem großen Messer zunächst gut zerhacken, dann mit kalten Händen rasch einen Teig kneten (kleine Butterstückchen dürfen noch zu sehen sein). Den Teig in Folie gewickelt kühl stellen.

2 Das Backblech leicht einfetten und mit Backpapier belegen. Den Backofen auf 200 °C vorheizen.

3 Für den Belag das Zitronat hacken. Die Ingwermarmelade mit 3 Esslöffeln Wasser in einem Topf leicht erwärmen, bis sie streichfähig ist. Den Teig in Größe des Backblechs ausrollen, auf das Blech legen und mit der Ingwermarmelade bestreichen.

4 Die Butter mit Zucker und Sahne erhitzen, unter ständigem Rühren Zitronat und Walnüsse unterrühren und sofort gleichmäßig auf dem Teigboden verteilen. Den Kuchen auf der mittleren Schiene des Backofens etwa 15 bis 20 Minuten backen.

5 Den Kuchen aus dem Ofen nehmen, auskühlen lassen. Dann in etwa 8 x 8 cm große Quadrate schneiden und diese diagonal teilen.

6 Nach Belieben 100 g Kuvertüre schmelzen, die Ecken der Schnitten hineintauchen und auf einem Kuchengitter trocknen lassen.

Marzipankuchen mit Vanillecreme

Zubereitungszeit: ca. 1 Stunde | Backzeit: ca. 15 Minuten

Füllung
- 1 unbehandelte Zitrone
- 2 Päckchen Vanillepuddingpulver
- 100 g Zucker
- ½ l Milch
- 500 g Sahne
- 2 Päckchen Sahnesteif
- 2 Päckchen Vanillezucker
- 1 EL Amaretto, ersatzweise Bittermandelaroma

Teig
- 200 g Marzipanrohmasse
- 250 g weiche Butter
- 140 g Zucker
- 2 Päckchen Vanillezucker
- 1 Prise Salz
- 4 Eier
- 125 g Mehl
- 1 TL Backpulver
- 50 g Kakao

Außerdem
- Fett für Backblech und Backrahmen
- Backpapier
- Backrahmen
- Spritzbeutel mit Sterntülle

1 Für die Füllung die Zitrone waschen, abtrocknen, die Schale abreiben. Den Pudding mit Zitronenschale, 100 g Zucker, Milch und 250 g Sahne zubereiten. Abkühlen lassen, die Oberfläche mit Frischhaltefolie bedecken, damit sich keine Haut bildet.

2 Das Backblech leicht einfetten und mit Backpapier belegen. Den Backrahmen ebenfalls einfetten. Den Backofen auf 180 °C vorheizen.

3 Für den Teig das Marzipan in kleine Stückchen schneiden und in einer Schüssel mit der Butter glatt verrühren. Zucker, Vanillezucker und Salz hinzufügen und verschlagen. Nach und nach die Eier unterrühren, bis eine glatte Masse entsteht. Das Mehl mit Backpulver und Kakao in die Schüssel sieben und alles zu einem glatten Teig verrühren.

4 Den Teig auf das Backblech geben und glatt streichen. Den Boden auf der mittleren Schiene des Backofens etwa 15 Minuten backen. Herausnehmen, abkühlen lassen, dann quer halbieren. Eine Hälfte in 12 gleich große Stücke schneiden.

5 Um die Füllung fertigzustellen, die restliche Sahne mit Sahnesteif und Vanillezucker schlagen, Amaretto oder Mandelaroma unterrühren. Den erkalteten Pudding cremig rühren und die Sahne unterheben.

6 Die ganze Teighälfte wieder auf das Backblech legen, den Backrahmen darum stellen. Den Sahnepudding bis auf etwa 4 Esslöffel auf dem Teigboden verstreichen. Die Gebäckstücke gleichmäßig darüber verteilen (so lässt sich der gesamte Kuchen besser in Stücke schneiden). Den restlichen Pudding in einen Spritzbeutel mit Sterntülle geben und den Kuchen vor dem Servieren mit Puddingtupfern garnieren.

Feigenkuchen mit Ingwercreme

Zubereitungszeit: ca. 45 Minuten | Backzeit: ca. 12–15 Minuten

Belag

- 6 Blatt weiße Gelatine
- 3 Ingwerknollen in Sirup (Asienladen)
- 1 Päckchen Vanillepuddingpulver
- ½ l Milch
- 30 g Zucker
- 650 g Feigen (Dose)
- 200 g Sahne
- 500 g Quark (20 % Fett)
- 2 TL Speisestärke

Teig

- 150 g Nussnougat
- 100 g Mehl
- 1 TL Backpulver
- 200 g gemahlene Walnüsse
- 80 g Zucker
- 1 Päckchen Vanillezucker
- 2 Eier
- 100 g weiche Butter

Außerdem

- Fett für Backblech und Backrahmen
- Backpapier
- Backrahmen

1 Für den Belag die Gelatine in kaltem Wasser einweichen. Die Ingwerknollen ganz fein hacken. Den Pudding nach Anleitung mit Milch und Zucker zubereiten, Ingwer und 2 Esslöffel Ingwersirup unterrühren. Die Gelatine leicht ausdrücken und im noch heißen Pudding auflösen und abkühlen lassen. Hin und wieder rühren, damit sich keine Haut bildet, oder mit Klarsichtfolie bedecken.

2 Das Backblech leicht einfetten, mit Backpapier belegen. Den Backrahmen ebenfalls einfetten. Den Backofen auf 180 °C vorheizen.

3 Für den Teig den Nougat klein schneiden und im warmen Wasserbad weich rühren. Mehl mit Backpulver und Nüssen in einer Schüssel mischen. Zucker, Vanillezucker, Eier, Nougat und Butter hinzufügen und alles zu einem glatten Teig verrühren.

4 Den Backrahmen (ca. 28 x 38 cm) auf das Blech stellen, den Teig einfüllen und glatt streichen. Auf der mittleren Schiene des Backofens etwa 12 bis 15 Minuten backen. Herausnehmen und auskühlen lassen.

5 Feigen abgießen, den Saft auffangen. Sahne steif schlagen. Quark in den Pudding rühren, die Sahne unterheben. Die Creme auf dem Gebäckboden verstreichen. Die Feigen (große halbieren) gleichmäßig darüber verteilen.

6 Den Feigensaft mit Wasser auf ¼ Liter ergänzen. Etwas Saft abnehmen und mit 1 bis 2 Teelöffeln Stärke verrühren, zurück zur Gesamtmenge geben, den Saft kurz aufkochen, abkühlen lassen und über den Kuchen streichen. Den Kuchen kühl stellen.

Schwarzwälder Kirschschnitten

Zubereitungszeit: ca. 1 Stunde | Backzeit: ca. 15 Minuten

Teig

- 4 Eier
- 90 g Zucker
- 100 g Mehl
- 20 g Speisestärke
- 1 TL Backpulver
- 2 TL Kakao

Belag

- 2 Gläser Schattenmorellen à 720 ml Inhalt
- 130 g Zucker
- 30 g Speisestärke
- 500 g Quark (20% Fett)
- 250 g Sahne
- 1 Päckchen Sahnesteif
- 1 Päckchen Vanillezucker

Außerdem

- Fett für Backblech
- Backpapier
- Backrahmen
- Raspelschokolade zum Bestreuen

1 Das Backblech leicht einfetten und mit Backpapier belegen. Den Backofen auf 180 °C vorheizen.

2 Für den Teig die Eier trennen. Eigelbe mit Zucker schaumig schlagen. Mehl, Stärke, Backpulver und Kakao unterrühren. Die Eiweiße steif schlagen und vorsichtig unter die Mehlmasse heben. Den Teig auf das Backblech streichen und auf der mittleren Schiene des Backofens etwa 15 Minuten backen. Herausnehmen und abkühlen lassen.

3 Für den Belag die Schattenmorellen abtropfen lassen, den Saft dabei auffangen. Den Saft mit Zucker aufkochen. Stärke mit wenig Wasser glatt rühren, in den Saft rühren und aufkochen lassen. Die Kirschen hinzugeben, vermengen und abkühlen lassen.

4 Den Quark mit etwas Sahne glatt rühren, die restliche Sahne steif schlagen, dabei Sahnesteif und Vanillezucker einrieseln lassen. Die Sahne unter den Quark heben.

5 Den abgekühlten Teigboden quer halbieren. Eine Hälfte wieder auf das Blech legen, den Backrahmen darum stellen und den Boden mit der eingedickten Kirschmasse bestreichen. Die zweite Teighälfte darauflegen und darüber die Quarkcreme verstreichen. Den Kuchen kühl stellen. Vor dem Servieren mit Raspelschokolade bestreuen.

Ananaskuchen mit Kokosmilchpudding

Zubereitungszeit: ca. 1 Stunde | Backzeit: ca. 40–45 Minuten | Kühlzeit: 2–3 Stunden

Belag

- 5 Eier
- 1 Vanilleschote
- 2 Dosen ungesüßte Kokosmilch (je 400 ml)
- 100 g Zucker
- 90 g Speisestärke
- 1 große Dose Ananas (850 g)

Teig

- 100 g Kokosflocken
- 125 g weiche Butter
- 100 g Zucker
- 3 EL Milch
- 3 Eier
- 200 g Mehl
- 3 TL Backpulver

Guss

- 200 g Ingwermarmelade
- ⅛ l Ananassaft
- 1 EL Speisestärke

Außerdem

- Fett für Backblech
- Backpapier
- gehackte Pistazien

1 Für den Belag die Eier trennen. Die Vanilleschote aufschlitzen, das Mark herauskratzen. Die Kokosmilch glatt rühren. 8 Esslöffel davon abnehmen, mit den Eigelben, 30 Gramm Zucker und der Stärke glatt verrühren. Restliche Kokosmilch mit dem Vanillemark aufkochen. Die Eigelbmischung in die kochende Kokosmilch rühren, etwa 2 Minuten bei schwacher Hitze sanft köcheln, dann abkühlen lassen. Die Eiweiße steif schlagen, dabei den restlichen Zucker einrieseln lassen und unter die abgekühlte Kokosmilchmasse heben.

2 Das Backblech leicht einfetten, mit Backpapier belegen. Den Backofen auf 180 °C vorheizen.

3 Für den Teig die Kokosflocken in einer Pfanne ohne Fett anrösten. Butter, Zucker und Milch cremig rühren. Nach und nach die Eier hinzugeben und verrühren. Mehl mit Backpulver mischen und in die Buttermischung sieben, Kokosflocken hinzufügen und alles zu einem glatten Teig vermengen.

4 Den Teig auf das Backblech streichen und auf der mittleren Schiene des Backofens etwa 40 bis 45 Minuten backen.

5 Währenddessen die Ananas abtropfen lassen, den Saft auffangen und die Ananas in Stücke schneiden.

6 Die Ingwermarmelade mit etwas Wasser streichfähig machen und auf den noch heißen Kuchen streichen. Den Kokosmilchpudding darüber verteilen und mit den Ananasstücken belegen.

7 Für den Guss die Stärke in 2 Esslöffeln Ananassaft glatt rühren. Den restlichen Saft aufkochen, die Stärke einrühren, aufkochen und etwas abkühlen lassen. Den Kuchen gleichmäßig damit bestreichen und nochmals kühl stellen. Mit Pistazien bestreut servieren.

TIPP Schmeckt sehr gut mit halbfest geschlagener Zimtsahne.

Marzipan-Feigen-Rolle

Zubereitungszeit: ca. 50 Minuten | Backzeit: ca. 10 – 12 Minuten

Füllung
- 1 Dose grüne Feigen
- 300 g getrocknete Feigen
- 150 g Rohmarzipan
- 1 Apfel
- 2 El Zitronensaft
- 6 cl Wodka, ersatzweise Gin

Teig
- 8 Eigelbe
- 80 g Zucker
- 1 Päckchen Vanillezucker
- 4 Eiweiße
- 80 g Mehl
- 10 g Speisestärke
- 1 TL Backpulver
- 50 g gemahlene Mandeln

Außerdem
- Fett für Backblech
- Backpapier
- 1 Küchenhandtuch
- Puderzucker zum Bestreuen

1 Das Backblech leicht einfetten und mit Backpapier belegen.

2 Für die Füllung die Feigen abtropfen lassen und würfeln (eventuelle Stiele entfernen). Die getrockneten Feigen ebenfalls würfeln, dabei die harten Stiele entfernen. Marzipan in Stückchen schneiden. Den Apfel schälen und raspeln, mit Zitronensaft beträufeln und mit Feigen, Marzipan, Wodka oder Gin vermengen.

3 Den Backofen auf 200 °C vorheizen.

4 Für den Teig die Eigelbe mit der Hälfte des Zuckers und Vanillezucker schaumig rühren. Die Eiweiße steif schlagen, dabei den restlichen Zucker einrieseln lassen und unter die Eimischung heben, dann Mehl, Stärke und Backpulver dazu sieben, die Mandeln hinzufügen und vorsichtig unterheben, nicht rühren.

5 Den Teig gleichmäßig auf dem Blech verstreichen und auf der mittleren Schiene des Backofens in etwa 10 bis 12 Minuten hellgelb backen. Herausnehmen und auf das Küchenhandtuch stürzen, das Papier entfernen; wenn das nicht leicht geht, mit etwas Wasser bepinseln, kurz warten und erneut versuchen. Den Teig mit dem Tuch aufrollen.

6 Zum Füllen den Biskuit wieder entrollen und mit der Füllung bestreichen, dabei rechts und links 2 cm freilassen, damit beim Aufrollen nicht zu viel ausläuft. Den Biskuit dann – ohne Tuch – wieder aufrollen.

7 Vor dem Servieren mit Puderzucker bestreuen.

Cranberrykuchen mit Mascarponecreme

Zubereitungszeit: ca. 40 Minuten | Backzeit: ca. 20–25 Minuten

Teig

- 1 unbehandelte Limette
- 300 g tiefgefrorene oder frische Cranberrys
- 100 g Halbbitter-schokolade
- 150 g Butter
- 100 g Zucker
- 3 Eier
- 1 Päckchen Vanillezucker
- 160 g Mehl
- 60 g Speisestärke
- 1 TL Backpulver
- 100 ml Milch
- 2 EL Rum
- 100 g gehackte Mandeln

Belag

- 200 g Quark (20 % Fett)
- 200 g Mascarpone
- 6 EL Ahornsirup
- 100 g Zucker
- 100 g Sahne
- 1 Päckchen Sahnesteif

Außerdem

- Fett für Backblech und Backrahmen
- Backpapier
- Backrahmen
- 100 g Mandelblättchen zum Bestreuen

1 Die Limette waschen, abtrocknen und die Schale abreiben. Die Cranberrys auftauen. Schokolade klein hacken. Die Butter zerlassen.

2 Das Backblech leicht einfetten und mit Backpapier belegen. Den Backrahmen ebenfalls einfetten und auf das Blech stellen. Den Backofen auf 200 °C vorheizen.

3 Für den Teig Zucker mit Eiern schaumig schlagen, dann Vanillezucker, Limettenschale und Butter unterrühren. Mehl mit Stärke und Backpulver dazusieben und mit Milch und Rum zu einem glatten Teig verrühren, Schokolade, Mandeln und Cranberrys unterheben.

4 Den Backrahmen (ca. 25 x 35 cm) auf das Backblech stellen, den Teig einfüllen und glatt streichen. Auf der mittleren Schiene des Backofens etwa 20 bis 25 Minuten backen.

5 Für den Belag Quark und Mascarpone mit dem Ahornsirup und Zucker glatt rühren. Die Sahne steif schlagen, dabei Sahnesteif einrieseln lassen und unter die Quark-Mascarpone-Creme rühren.

6 Den ausgekühlten Teig mit der Quark-Mascarpone-Creme bestreichen und mit Mandelblättchen bestreuen. Erst dann den Backrahmen entfernen. Den Kuchen kühl stellen, bis der Belag fest geworden ist.

Tipp Die Cranberrys können durch Preiselbeeren ersetzt werden.

Papaya-Mango-Sahnekuchen

Zubereitungszeit: ca. 50 Minuten | Backzeit: ca. 20–25 Minuten

Teig
- 200 g Quark (Magerstufe)
- 125 ml Milch
- 1 Ei
- 125 ml Pflanzenöl
- 100 g Zucker
- 2 Päckchen Vanillezucker
- 1 Prise Salz
- 400 g Mehl
- 2 TL Backpulver

Belag
- 2 Limetten
- 100 g Puderzucker
- 1 große reife Mango
- 1 reife Papaya (500 g)
- 2 Ingwerknollen in Sirup (Asialaden)
- 200 g Sahne
- 2 Päckchen Sahnesteif
- 200 g Mascarpone

Außerdem
- Fett für Backblech
- Backpapier

1 Das Backblech leicht einfetten und mit Backpapier belegen. Den Backofen auf 180 °C vorheizen.

2 Für den Teig Quark mit Milch, Ei, Öl, Zucker, Vanillezucker und Salz glatt verrühren. Mehl und Backpulver darübersieben und verrühren (aber nicht zu lange, weil der Teig sonst klebt).

3 Den Teig auf dem Backblech verstreichen und auf der mittleren Schiene des Backofens 20 bis 25 Minuten backen.

4 Für den Belag die Limetten auspressen und den Saft mit dem Puderzucker verrühren, auf den noch warmen Kuchen streichen und abkühlen lassen.

5 Die Mango schälen und das Fruchtfleisch würfeln. Die Papaya ebenfalls schälen, Kerne entfernen und auch würfeln. Ingwerknollen sehr fein hacken. Die Sahne mit Sahnesteif steif schlagen, mit Mascarpone und den Fruchtwürfeln vermengen und auf dem Kuchenboden verstreichen. Den Kuchen kühl stellen, damit der Belag fest wird.

Die Grundteigarten

Für Blechkuchen wie für alle anderen auch sind im Prinzip alle bekannten Teigarten geeignet. Die unterschiedlichen Zutaten sorgen für die unterschiedlichen Konsistenzen und natürlich auch für unterschiedlichen Geschmack.

Biskuitteig

Der zarteste und lockerste aller Teige braucht viel geschlagenes Eiweiß, um fein aufzugehen. Deshalb sollten hier insbesondere frische Eier verwendet und die wiederum sehr sorgfältig getrennt werden. Die kleinste Menge Eigelb im Eiweiß verhindert den schönen Schaum, der für den Backerfolg wichtig ist. Der feste, glänzende Eischnee muss zuletzt von Hand und mit einem Schneebesen unter die anderen Zutaten mehr gehoben als gerührt werden. Der zarte Teig verträgt keine Wartezeit und gehört sofort nach der Zubereitung in den vorgeheizten Backofen – damit die luftige Masse nicht zusammenfällt.

Der gebackene Boden wird auf ein feuchtes Küchenhandtuch gestürzt, das Backpapier vorsichtig abgehoben. Wenn das nicht leicht geht, entweder ein weiteres feuchtes Küchenhandtuch darüberlegen oder das Papier mit Wasser bepinseln und etwas warten, dann klappt es.

So lässt sich feststellen, ob der Teig richtig gebacken ist: mit einem Finger leicht auf den Biskuit drücken – wenn er fest ist und leicht nachgibt, stimmt alles. Bei dem Test das Backblech aber nicht aus dem Ofen nehmen – und aufpassen, dass Sie sich nicht verbrennen.

Hefeteig

Hefezellen, die sich durch Flüssigkeit, Zucker und Wärme vermehren, sorgen für den typischen, leicht säuerlich-frischen und angenehmen Duft von Hefeteig, den viele für schwierig zu machen halten. Als Grundregel gilt: den Teig beobachten, nicht die Uhr. Zeigen sich Bläschen

Schwarzwälder Kirschschnitten, Seite 88

Käsekuchen mit Äpfeln und Mandeln, Seite 16

Aprikosen-Nuss-Kuchen, Seite 66

und Risse nach der ersten »Gärung« und geht er nach den weiteren Vorgängen deutlich auf, ist alles in Ordnung, ganz unabhängig von der Zeit, die das dauert. Es ist auch nicht die große Hefemenge, die für das Aufgehen sorgt, sondern die richtige.

Eine praktische Alternative zu Frischhefe ist Trockenhefe, weil ein Vorteig überflüssig wird und alle Zutaten auf einmal verarbeitet werden können. Nur nach der Zubereitung des Teigs und vor dem Backen muss auch dieser Teig gehen, bis er sich sichtbar vergrößert hat.

Mürbteig

Ein knuspriger Mürbteig ist die festere Grundlage für alle möglichen Beläge. Der Zucker im Teig sorgt für die Bräunung und die Prise Salz für intensiveren Geschmack. Auch dieser Teig lässt sich geschmacklich mit Nüssen und Gewürzen verändern. Ein Muss ist die Verwendung kalter Butter, die, in Stückchen geschnitten, über dem Mehl verteilt und mit möglichst kalten Händen und nur kurz mit den anderen Zutaten verknetet wird. Kleine Butterstückchen dürfen zuletzt noch zu sehen sein – sie machen den Teig beim Backen nur noch mürber.

Quark-Öl-Teig

Dieser saftige, geschmeidige Teig geht schnell und gelingt auch Backanfängern leicht. Am besten schmeckt er ganz frisch. Diese Teigart – übrigens auch eine gute Alternative zu Hefeteig – ist höchst vielfältig für die verschiedensten Blechkuchen zu verwenden, für Butter-, Zucker-, Streuselkuchen und viele mehr. Besonders locker wird der Teig, wenn der Wasseranteil gering ist. Den Quark sollte man vor der Verwendung immer abtropfen lassen, auch wenn das im Rezept nicht ausdrücklich steht.

Rührteig

Er ist wohl der Unkomplizierteste aller Teige. Er ist saftig und locker und gelingt immer. Kaum ein Teig lässt sich auch so fantasievoll anreichern mit Schokolade, Nüssen, kandierten Früchten oder geschmacklich variieren mit den verschiedensten Gewürzen. Zu beachten ist nur, dass Mehl und Backpulver immer zuletzt hinzugefügt und nur kurz untergerührt werden. Und dass der Kuchen dann sofort in den Backofen kommt.

Pinien-Lavendel-Kuchen, Seite 48

Himmlische Saucen als Begleiter

Zarte Vanillesauce

1 Vanilleschote
400 ml Milch
2 EL Zucker
1 Prise Salz
3 Eigelbe
1 Päckchen Vanillezucker

Die Vanilleschote längs aufschneiden, das Mark herauskratzen. Zwei Drittel der Milch mit Zucker, Salz und Vanilleschote und -mark kurz aufkochen, den Topf zur Seite ziehen und die Milch auskühlen lassen. Die Vanilleschote entfernen. Die Eigelbe mit Vanillezucker kräftig verquirlen und zunächst nur etwas von der Vanillemilch unterrühren. Die restliche Milch dazugießen und bei schwacher Hitze unter ständigem Rühren die Sauce nochmals erwärmen (sie darf nicht kochen), bis sie beginnt dicklich zu werden. Am besten gelingt der letzte Schritt, wenn man die Sauce über einem Wasserbad erwärmt.

Diese Sauce passt gut zu Apfel- und Nusskuchen.

Feine Schokoladensauce

125 g Zartbitter- oder Milchschokolade
2 Päckchen Vanillezucker
100 ml Milch
100 g Sahne
1 TL Speisestärke
10 g Butter

Die Schokolade in Stückchen brechen und über dem Wasserbad schmelzen. Vanillezucker hinzufügen und so lange rühren, bis er sich aufgelöst hat. Den Topf aus dem Wasserbad nehmen und auf die Herdplatte stellen. Die Speisestärke in etwas Milch glatt rühren und mit der restlichen Milch, der Sahne und der Butter zur Sauce geben, glatt rühren und kurz köcheln lassen. Die Sauce abkühlen lassen. Nach Belieben mit etwas Zimt oder Ingwerpulver würzen.

Eine feine Sauce für Quarkkuchen oder Rouladen.

Die Backtemperaturen

Die bei den Rezepten angegebenen Temperaturen und die Vorheizzeiten müssen eingehalten werden, damit die Kuchen gelingen. Da ältere Modelle diese Temperatur häufig ungenau anzeigen, kann man mit einem Ofenthermometer den richtigen Hitzegrad messen. Da bei allen Rezepten nur die Zeiten für Elektrobacköfen angegeben wurden, hier eine kleine Übersicht für alle, die mit Gas oder Umluft backen möchten oder wollen.

Wer Kuchen mit Umlufthitze bäckt, spart Energie, denn sie erlaubt niedrigere Temperaturen von 20 bis 30 °C . Es ist vor allem dann sinnvoll, wenn Sie mehrere Blechkuchen gleichzeitig backen wollen – Voraussetzung dafür ist jedoch, dass alle bei gleicher Temperatur gebacken werden können.

Umrechnungstabellen

Backofentemperaturen

Elektroherd	Umluftherd	Gasherd
150 °C	130 °C	Stufe 1
160 °C	140 °C	Stufe 1
170 °C	150 °C	Stufe 1 – 2
180 °C	160 °C	Stufe 2
190 °C	170 °C	Stufe 2–3
200 °C	180 °C	Stufe 3
210 °C	190 °C	Stufe 3–4
220 °C	200 °C	Stufe 4
230 °C	210 °C	Stufe 4–5
240 °C	220 °C	Stufe 5
250 °C	230 °C	Stufe 5–6
260 °C	240 °C	Stufe 6
270 °C	250 °C	Stufe 6–7
280 °C	260 °C	Stufe 7
290 °C	270 °C	Stufe 7–8
300 °C	280 °C	Stufe 8

Die Abkürzungen bedeuten

g Gramm
kg Kilogramm
cm Zentimeter
ml Milliliter
l Liter (1 Liter = 1000 ml)
TL Teelöffel
EL Esslöffel
Msp. Messerspitze
°C Grad Celsius

Alphabetisches Rezeptverzeichnis

Rezeptverzeichnis nach Teigarten

ISBN: 978-3-8094-2984-5

Umschlaggestaltung: Atelier Versen, Bad Aibling
Fotos: Karl Newedel, München
Layout: Epsilon 2, Mundelsheim
Bildredaktion: Sabine Kestler, Tanja Nerger
Herstellung: Elke Cramer
Projektleitung: Anja Halveland

Satz: Epsilon 2, Mundelsheim
Reproduktion: Artilitho snc, Lavis (Trento)
Druck: Mohn media Mohndruck GmbH, Gütersloh

Printed in Germany

MIX
Papier aus verantwortungsvollen Quellen
FSC® C011124

Verlagsgruppe Random House FSC-DEU-0100
Das für dieses Buch verwendete FSC®-zertifizierte Papier *Novatech satin* wurde produziert von UPM Dörpen.

817 2635 4453 6271